金手指③

摆动指标

给出明确的买卖时点

低买高卖 跌买涨卖 抄底逃顶 反复买卖

（第二版）

图书在版编目（CIP）数据

摆动指标给出明确的买卖时点/付佳著. —2 版. —北京：经济管理出版社，2016.4
ISBN 978-7-5096-4299-3

Ⅰ. ①摆…　Ⅱ. ①付…　Ⅲ. ①股票交易—基本知识　Ⅳ. ①F830.91

中国版本图书馆 CIP 数据核字（2016）第 068408 号

组稿编辑：勇　生
责任编辑：勇　生
责任印制：杨国强
责任校对：蒋　方

出版发行：经济管理出版社
（北京市海淀区北蜂窝 8 号中雅大厦 A 座 11 层　100038）
网　　址：www. E-mp. com. cn
电　　话：（010）51915602
印　　刷：三河市延风印装有限公司
经　　销：新华书店
开　　本：720mm×1000mm/16
印　　张：12.5
字　　数：156 千字
版　　次：2016 年 6 月第 2 版　2016 年 6 月第 1 次印刷
书　　号：ISBN 978-7-5096-4299-3
定　　价：38.00 元

前言

股市能够成为一群人的天堂，同时也能成为另一群人的地狱，无数的血泪史也在这里反复地上演。因此，它成为很多人既向往又敬畏的地方。那么股市这般风云变幻，究竟是什么力量在掌控着它的起起落落？

这就要从股票的兴起谈起。股票最初是企业家为了帮助企业筹集资本而兴起的。企业家为了大量而快速地筹集到足够的资本，便吸引了许多跟自身企业毫不相干的投资者进来。

许多投资学家分析，其实这本身就带有一种掠夺性，即少数人的获利来自于大多数人的盲目投资。美国股市心理及经济学家科斯托拉尼认为："投资大众的群体心理状态是引发股市行情变化的最重要推动力，而股市的投资气氛归根结底是一种投资大众的心理共识……这个心理共识反映了大多数股票族对股票市场行情所持的悲观或乐观态度。"

所以，我们时常可以看到哪只股票上涨，就会有一窝蜂的人抢着去买进；哪只股票下跌，就又会有一群人争先恐后去抛掉。像投资者这种非理性的群体心理波动是不可预料的，但是却奇妙地可能会对"股市大盘走势"的行情产生影响。

从本质上来说，股市被赋予了人的精神，它和人的特质一样，同时兼具理性与感性两种品性。当人类处于极度疯狂时，趋势类指标，特别是长期的趋势类指标就会有好的表现。因为这种指标，就是映射出趋势的镜子。它不用判断趋势的级别，所以也就不用对底顶做出预言。

相反地，摆动指标更像是人类理性的那根弦。它总在不断地提醒你，超买了，获利盘多了，有可能要下跌了，等等。如果说趋势指标引领投资者向前冲锋的话，那么摆动指标就是扮演吹响集结号给大家提醒警示的那个角色吧。在股市中如果一味地向前冲，没有理性的警醒分析，那又怎么能够看清笼罩在股民周围的迷雾呢？

或许有些人根本不在意摆动指标如何显示，对于他们来说只要有趋势指标就能决定胜负。但是，如果市场一旦进入一种无趋势阶段时，这时的趋势指标就无法正常工作了，而摆动指标却还能够指示价格波动。可以想象，在这种不正常的状态下，同时掌握趋势指标和摆动指标两种知识的人，手中的胜算将会比其他人更高。

举例来说，在一场重要趋势即将来临时，摆动指标分析不仅用处不大，甚至可能蒙蔽投资者的视野。但当市场价格运动接近趋势尾声时，这时摆动指标将体现出它的特殊价值——此时出现的背离现象就是非常重要的警示信号。由此可见，摆动指标的学问也很多。如果投资者能把摆动指标掌握好，它就会成为投资者手中不可多得的一把利器。

本书分别详细介绍了十大摆动指标，图文并茂，非常方便初学者学习和理解。各个指标中援引了大量实例进行分析说明，相信仔细看下来一定会大有收获，也会对整个股市有更深刻的认识。

指标就像老人手中的一个拐杖，你可以不用，但有拐杖在手，也许你会比别人走得更稳健。一句话，除了要学习基本知识外，把基础打牢，更重要的是要注重实践，并且多听取前人的经验，再结合自己的心得灵活使用。投资者不要只硬性地照本宣科，更不要把所有的希望都压在指标上。指标虽然能够帮助投资者擦亮眼睛看市场，但不能

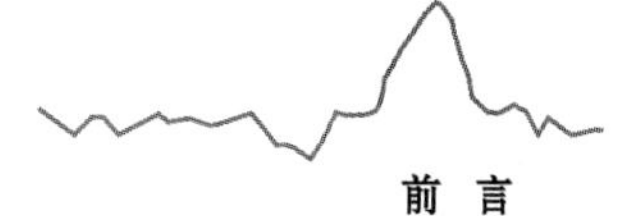

左右其思想指向，关键还在投资者是否能像摆动指标一样理性地看待股市的起伏。

巴菲特认为，股票市场是非理性的，这并不可怕。因为只有非理性的市场才有机可乘。从这一点看，股市不理性是好事，关键是投资者自己不能不理性对待。

格雷厄姆曾讲过一个寓言故事，这个故事就很好地诠释了股市中的非理性行为的产生原因以及其影响的深度。

从前有一位石油勘探者，死了以后准备进天堂，可是天堂管理者告诉他，“你本来可以进天堂的，但现在分配给你住的地方已经满额，所以我只能把你分到地狱里。”勘探者想了想说，那让我跟住在天堂里的同行打声招呼可以吗？天堂管理者认为这个要求无伤大雅，就同意了。于是勘探者来到天堂门口，向门里喊了一声“地狱里发现石油啦！”没想到话音刚落，天堂里的那些生前好友就像冲锋一般跑出来，纷纷奔向地狱。天堂管理者见状，对他说，“现在有空位了，你又如此机智聪颖，所以你可以进去了。”可这时却轮到他犹豫不决了。他思索了一会答道：“我想我还是不进去了。或许地狱里真的会找到石油呢？”

那么，我们回到前面的话题：摆动指标更像是人类理性的那根弦，它总在不断地提醒你，什么时候可能发生变化。但它并不能帮任何人决定未来。所以，除了丰富自己的基础知识，最重要的是在自己心里也放上一个摆动指标，这样才能拨开迷雾看清现实。

本书在成稿过程中，得到好朋友张利、李现军、丁朋、周滢泓、袁登科、冯少华、郭海平、曹的郡、卓盛丹、陈耀君、刘燕、米晶、陈艳春、戴晓慧、王丹、金丽静、陈鸿等人的协助，在此表示谢意！

欢迎读友加入 QQ1627788375 或 QQ 群 248509269 为好友，探讨交流。

目 录

在股市中，K线是投资者常用的分析工具之一。K线是一种完整并且十分扎实的技术分析工具，在股市中常常用于预测股票市场未来的走势。投资者可以从K线中找到最好的交易时机。K线这种技术分析工具对于短、中、长期投资者都具有辅助作用；K线能够使投资者避免各种主力设置的陷阱，减少不必要的损失；K线还能够清晰地看出多空力量的变化，使投资者了解股票市场短期内的趋势，从而使投资者更好地把握交易时机。

在股市中有时会出现超买超卖的非常态行情，这时行情不稳，很多技术指标并不能准确地表现出当前股市中的变化，这就出现了威廉这一指标。威廉指标能够更为准确地研判非常态行情，能够看清短期内买方以及卖方的力量。威廉指标能够较为准确地发出提醒投资者买卖的信号，是十分敏感的指标。另外威廉指标是股票市场常用的短期研判指标，对于研判短期行情也十分实用。

在股市中之所以会出现 KDJ 随机指标，是因为投资者用移动平均线来研判行情时，移动平均线常使用收盘价来计算一段行情的涨幅，但是这种计算优势并不能够体现出这段行情的真正涨幅。KDJ 指标通常较为适用于中短期行情的研判，是比移动平均线更为敏感的技术指标，而且对于股票市场出现的短期超买超卖行情更为敏感，能够更有效地研判行情，所以 KDJ 随机指标备受投资者青睐。

RSI 相对强弱指标能够直接体现出买卖双方的力量，这就解决了投资者在股市中不知双方力量的弊端，而投资者就可以根据计算出的指数来预测分析未来行情的走势。另外，RSI 指标在超买超卖行情以及 K 线图中普遍使用，使投资者在最佳时机买卖操作，是股市中广泛使用的技术指标之一。RSI 指标还可以利用买卖双方力量对比来选择潜力值较高的股票，投资者可以选择合适的股票安全获利，从而保障投资者的利益。

在股市中，投资者较为苦恼的问题之一就是如何止损，如何能够在变幻莫测的股市中，根据不同的股票设定出不同的止损位呢？SAR 指标的出现以及应用，对解决这个问题有特殊的意义。SAR 抛物线指标是一种比较简单、准确、实用的中短期行情分析技术工具。SAR 抛物线指标也就是投资者先设置一个止损价位，并且根据不同行情而调整这个止损价位，这样能够使得投资者有效地控制住投资风险，又不会因为设置止损位过高而错失获利良机。另外投资者还可以利用 SAR 抛物线指标的特点，来进行反向做空操作，使得投资者在股票市场中获利能够达到最大化。

EXPMA 指数平均数指标是均线指标的一种，也是股市中较为常见的指标。相较于均线指标而言，这种指标反应更为灵敏，对于短期行情有很好的辅助作用。它能够直观地表现出行情的变化，更适用于短线投资者对行情的研判，从而使投资者在短线操作中更好、更安全地获利。

TOW宝塔线指标相对来说比较简单，投资者可以根据该指标来客观、明确地研判后市股价的涨跌，是股市中常用的一种技术指标。TOW宝塔指标除了简单易学之外，还具有特殊的过滤功能。它能够引导投资者进行安全可靠的股票交易，在很大程度上避开"骗线"的干扰。而且TOW宝塔指标还可以在行情出现反转时，清晰地呈现出行情反转点，因而有利于投资者能够捕捉到更好的交易时机。

在股市中，投资者的心理波动也能够对行情产生一定影响，在投资者心理预期与股市行情的涨跌相同时，股市行情开始升温，而当投资者心理预期与股市行情涨跌相反时，股市行情开始冷淡。因此，PSY 心理线指标也随之出现。该指标是针对于短期股市行情走势研判的一种技术工具，而该指标特有的心理线就是直接反映出投资者的市场心态的一种指数，从而来计算出市场是倾向于多方还是空方，投资者借此结果来判断改变操作方向。另外，PSY 心理线指标还有能够体现出超买超卖行情的功能。

在股市中，使用移动平均线的投资者众多，但是当出现暴涨行情时，往往会出现股价偏离移动平均线的状况，这时常常会造成投资者判断失误而损失惨重。而 BIAS 乖离率的出现恰恰能够解决这种情况。BIAS 乖离率主要是测算出股价和移动平均线之间出现的偏离程度，由此推算出在剧烈波动的行情中是否会出现回档以及反弹。另外，BAIS 乖离率能够直观地表现出多空双方发生反转的可能性，投资者能够据此来准确地找到操作方向。乖离率还有预测后市行情趋势的功能，投资者可以结合其他技术指标来研判后市行情，更好地抓住时机。

在股市中有各种各样的分析技术工具，但是真正能够呈现出当前市场真实情况的并不多，而ASI振动升降指标就是其中之一。ASI振动升降指标能够清晰地呈现出股价是否创出新高或新低，并且还能够为投资者提供判断股价是否真实突破压力或者真实支撑的依据。另外ASI振动升降指标还具备停损的功能，能够使投资者在交易股票时更有保障。同时，ASI指标具有领先股价的特点，能够使投资者对当前行情做出快速反应，进行股票交易。

摆动指标一　K 线

在股市中，K 线是投资者常用的分析工具之一。K 线是一种完整并且十分扎实的技术分析工具，在股市中常常用于预测股票市场未来的走势。投资者可以从 K 线中找到最好的交易时机。K 线这种技术分析工具对于短、中、长期投资者都具有辅助作用；K 线能够使投资者避免各种主力设置的陷阱，减少不必要的损失；K 线还能够清晰地看出多空力量的变化，使投资者了解股票市场短期内的趋势，从而使投资者更好地把握交易时机。

第一节　K 线简介

一、什么是 K 线

K 线最早起源于日本。300 多年前，日本还处于德川幕府时代的时候，从事粮食生意的商人就用这种高低起伏的线记录粮价的涨跌。

当时的米市就像现在的股市一样，其波动紧紧地系着米商的心，渐渐地，米商们为了提高粮价涨跌的预测准确率，就将每天的粮价波动都用图形的方式记录下来，久而久之，就成为 K 线的雏形。

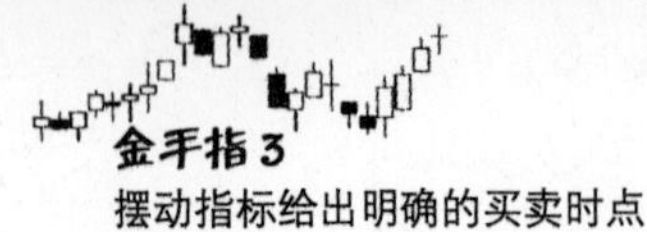

起初，人们并没有对这种简单的图标图引起重视。后来，美国人史蒂夫·尼森出版了《阴线阳线》，向全球的投资者展示了这种简单好用的“日本 K 线图”，遂即引起了巨大的反响。也因此，本发源于日本的 K 线，却把“K 线之父”的帽子扣到了一个西方金融者的头上。

后来，越来越多的技术派人士开始在证券市场上使用这种图标，逐渐发展成为一套成熟的股市分析理论。由于是由两种对比色组成的，K 线也叫做阴阳线，在古老的日本，它也曾被称为蜡烛线、日本线、棒线、酒井线，等等。

如今，K 线已经成为全球的股票投资者必备的炒股基础知识之一，在东南亚地区尤为流行，被人们奉为“预测股市最简单却最有力的工具之一”。相对于西方人以数据为生命的定量分析方法，K 线则显得更为形象、生动。不仅在全球各地得到了广泛的应用，更为无数的入门级投资者起到了过渡的作用。

二、K 线的构成原理

K 线也被称为阴阳线或者阴阳烛，它能够把每一个交易期间内的开盘以及收盘出现的涨跌用实体阴阳线呈现出来，K 线的上影线以及下影线对应的也就是股票交易中最高价以及最低价，这能够使投资者更为直观地了解市场趋势，掌握行情的变动。

K 线简单并且更容易让投资者接受，在实战运用中也很灵活，但 K 线图最大的特点就是表现出的只是股票行情的基本特征，并不能够把股票变动中的各种复杂因素呈现出来。

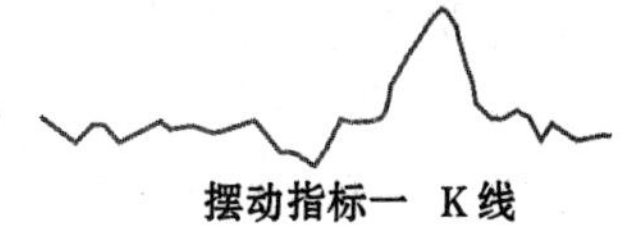

三、K 线的分类

（一）从形态上分类

K 线从形态上分可分为阳线、阴线和同价线三种类型。

1. 阳线

阳线是指收盘价高于开盘价的 K 线。阳线按其实体大小可分为大阳线、中阳线和小阳线。每一根阳线都是由开盘价、收盘价、最高价、最低价这四个价位组成。如图 1–1 所示，阳线的开盘价低于收盘价，表示当天股价的上涨趋势。阳线中间的矩形是个虚框，在炒股软件中多用红色虚框表示（有时也用红色实体表示）。另外，矩形框以上叫做上影线，以下叫做下影线。

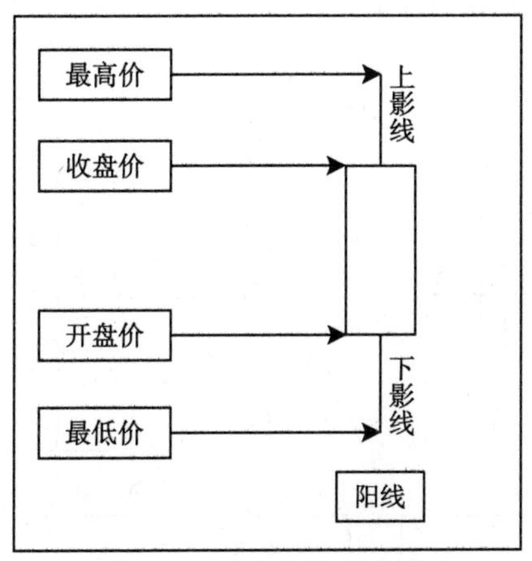

图 1–1　单根阳线示意图

2. 阴线

阴线是指收盘价低于开盘价的 K 线。阴线按其实体大小也可分为大阴线、中阴线和小阴线。如图 1–2 所示，阴线的开盘价高于收盘价，表示当天股价的下降趋势，其中间的矩形为实体，在炒股软件中多用绿色实体框表示。实体的长短则代表了收盘价与开盘价之间的差额。

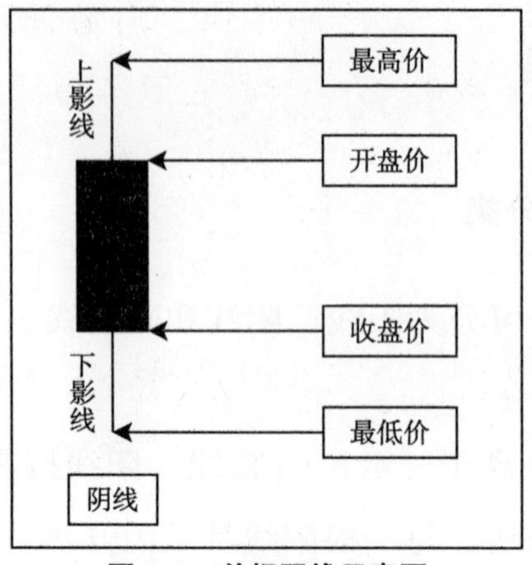

图 1-2 单根阴线示意图

3. 同价线

同价线是指收盘价等于开盘价、两者处于同一个价位的一种特殊形式的 K 线，根据同价线按上、下影线的长短、有无，又可分为长十字线、十字线和 T 字线、倒 T 字线、一字线等，如图 1-3 所示。

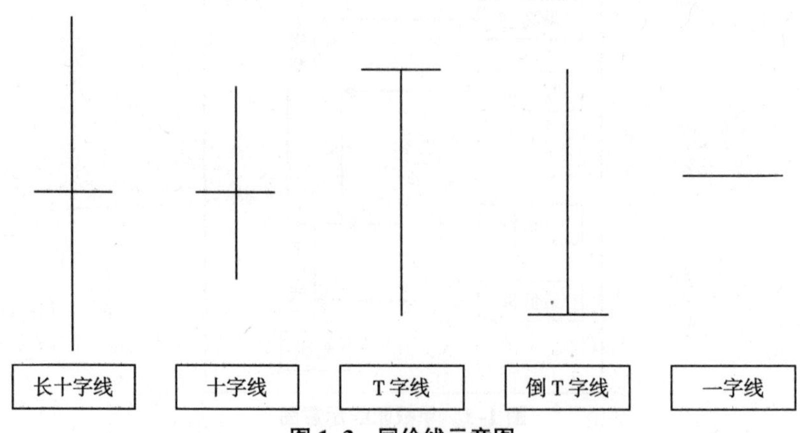

图 1-3 同价线示意图

（二）从时间上分类

K 线从时间上分，可分为 5 分钟 K 线、15 分钟 K 线、30 分钟 K 线、60 分钟 K 线、日 K 线、周 K 线、月 K 线、年 K 线等。这些 K 线都有不同的作用。

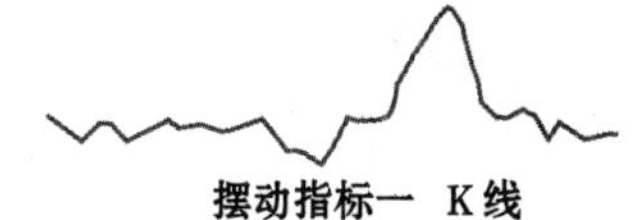

比如，5 分钟 K 线、15 分钟 K 线、30 分钟 K 线、60 分钟 K 线、日 K 线（最常用的一种），反映的都是股价超短期走势。而周 K 线、月 K 线、年 K 线反映的是股价中长期走势。

第二节 K线组合形态一览表

一、上升形态和见底形态的 K 线或 K 线组合一览表

见表 1–1。

表 1–1 上升形态和见底形态的 K 线或 K 线组合一览表

序号	名称	图形	特征	技术含义	备注
1	早晨十字星		(1) 出现在下跌途中；(2) 由 3 根 K 线组成，第一根 K 线是阴线，第二根 K 线是十字线，第三根 K 线是阳线。第三根 K 线实体深入到第一根 K 线实体之内	见底信号，后市看涨	
2	早晨之星		和早晨十字星相似，区别之处在于早晨十字星的第二根 K 线是十字线，而早晨之星的第二根 K 线是小阴线或小阳线	见底信号，后市看涨	信号不如早晨十字星强
3	好友反攻		(1) 出现在下跌行情中；(2) 由一阴一阳两根 K 线组成；(3) 先是一根大阴线，接着跳低开盘，结果收了一根中阳线或大阳线，并且收在前一根 K 线收盘价相同或相近的位置上	见底信号，后市看涨	转势信号，不如曙光初现强
4	曙光初现		(1) 出现在下跌趋势中；(2) 由一阴一阳两根 K 线组成；(3) 先是出现一根大阴线或中阴线，接着出现一根大阳线或中阳线。阳线的实体深入到阴线实体的二分之一以上处	见底信号，后市看涨	阳线实体深入到阴线实体的部分越多，转势信号就越强
5	旭日东升		(1) 出现在下跌趋势中；(2) 由一阴一阳两根 K 线组成；(3) 先是一根大阴线或中阴线，接着出现一根高开的大阳线或中阳线，阳线的收盘价已高于前一根阴线的开盘价	见底信号，后市看涨	信号强于曙光初现；阳线实体高出阴线实体部分越多，转势信号就越强

续表

序号	名称	图形	特征	技术含义	备注
6	倒锤头线		(1) 出现在下跌途中； (2) 阳线（或阴线）实体很小，上影线大于或等于实体的两倍； (3) 一般无下影线，少数会有一点	见底信号，后市看涨	实体与上影线比例越悬殊，信号越强。与早晨之星同时出现，见底信号更加可靠
7	锤头线		(1) 出现在下跌途中； (2) 阳线（或阴线）实体很小，下影线大于或等于实体的两倍； (3) 一般无上影线，少数会略有一点上影线	见底信号，后市看涨	实体与下影线的比例越悬殊，越有参考价值。如与早晨之星同时出现，见底信号更加可靠
8	平底钳子底		(1) 在下跌趋势中出现； (2) 由两根或两根以上的 K 线组成； (3) 和最低价处在同一水平位置上	见底信号，后市看涨	
9	塔形底		(1) 出现在下跌途中； (2) 先是一根大阴线或中阴线，后为一连串的小阴线、小阳线，最后出现一根大阳线或中阳线	见底信号，后市看涨	
10	圆底		(1) 在跌势中出现； (2) 股价形成一个圆弧底； (3) 圆弧内的 K 线多为小阴线、小阳线，最后是向上跳空缺口	见底信号，后市看涨	与形态理论圆形底有区别
11	低位并排阳线		(1) 出现在下跌趋势中； (2) 由两根阳线组成； (3) 第一根阳线跳空低开，其收盘时在前一根 K 线下方留下一个缺口，后面一根阳线与第一根阳线并排而立	见底信号，后市看涨	
12	低档五阳线		(1) 出现在下跌行情中； (2) 连续拉出五根阳线，多为小阳线	见底信号，后市看涨	也有可能是六七根阳线
13	连续跳空三阴线		(1) 出现在下跌趋势中； (2) 连续出现三根向下跳空低开的阴线	见底信号，后市看涨	如在股价已有大幅下挫的情况下出现，见底可能性更大

续表

序号	名称	图形	特征	技术含义	备注
14	红三兵		(1) 出现在上涨行情初期; (2) 由三根连续创新高的小阳线组成	买进信号，后市看涨	若阳线收于最高或接近最高点时为三白武士，信号更强
15	冉冉上升形		(1) 在盘整后期出现; (2) 由若干根小K线组成（一般不少于八根），其中以小阳线居多，中间也可以夹着小阴线、十字线; (3) 整个K线排列呈略微向上倾斜状	买进信号，后市看涨	它往往是股价大涨的前兆，如成交量同时放大，可能性更大
16	徐缓上升形		(1) 多数出现在涨势初期; (2) 先接连出现几根小阳线，然后才拉出中大阳线	买进信号，后市看涨	
17	稳步上涨形		(1) 出现在上涨行情中; (2) 众多阳线中夹着较少的小阴线。整个K线排列呈向上倾斜状	买进信号，后市看涨	后面的阳线对插入的阴线覆盖速度越快越有力，上升潜力越大
18	上升抵抗形		(1) 在上涨途中出现; (2) 由若干根K线组成; (3) 连续跳高开盘，即使中间收出阴线，但收盘价也比前一根K线的收盘价高	买进信号，后市看涨	
19	弧形线		(1) 在涨势初期出现; (2) 由若干根K线组成; (3) 股价走势是一个向上的抛物线	买进信号，后市看涨	一旦弧形线被市场认可，上涨周期就很长
20	下探上涨形		在上涨途中突然跳低开盘（甚至以跌停板开盘），当日以涨势收盘收出一根大阳线（甚至以涨停板收盘）	买进信号，后市看涨	多数为控盘庄家利用消息洗盘，一般后市将有一段较大升势

续表

序号	名称	图形	特征	技术含义	备注
21	上涨二颗星		(1) 在涨势初期、中期内出现； (2) 由一大二小三根K线组成； (3) 在上涨时先出现一根大阳线或中阳线，随后就在这根阳线的上方出现两根小K线（可以是小十字线或实体很小的阳线或阴线）	继续看涨	有时会在一根大阳线的上方出现三根小K线，称为上涨三颗星
22	跳空上扬形		(1) 出现在涨势中； (2) 由一阴一阳两根K线组成； (3) 先是拉出一根跳空上扬的阳线留下一个缺口，接着出现一根低收的阴线收于缺口上方	继续看涨	
23	高位并排阳线		(1) 出现在涨势中； (2) 由两根阳线组成； (3) 第一根阳线跳空向上，其收盘时在前一根K线上方留下一个缺口。第二根阳线与之并排，开盘价与第一根阳线的开盘价基本相同	继续看涨	这个缺口对日后股价走势有较强的支撑作用，但若日后股价跌破缺口则走势转弱
24	跳空下跌三颗星		(1) 出现在连续下跌途中； (2) 由三根小阴线组成； (3) 三根小阴线与上面一根K线有明显的缺口	见底信号	如果在三根小阴线后出现一根大阳线，上涨可能性更大
25	上升三步曲		(1) 出现在上涨途中； (2) 由大小不等的五根K线组成； (3) 先拉出一根大阳线或中阳线，接着连续出现三根小阴线，但都没有跌破前面阳线的开盘价，随后出现一根大阳线或中阳线，走势类似于“N”	继续看涨	
26	多方尖兵		(1) 出现在上涨行情中； (2) 由若干根K线组成； (3) 在拉出一根中阳线或大阳线时，留下了一根较长的上影线，然后股价回落，但不久股价又上涨到上影线的上方	继续看涨	实际上是多方主力发动全面进攻前的一次试盘
27	两阳夹一阴		(1) 既可以出现在涨势中，也可以出现在跌势中； (2) 由两根较长的阳线和一根较短的阴线组成，阴线夹在阳线之中	涨势中出现，继续看涨；跌势中出现，见底信号	

二、下跌形态和滞涨形态的K线或K线组合一览表

见表1–2。

表1–2 下跌形态和滞涨形态的K线或K线组合一览表

序号	名称	图形	特征	技术含义	备注
1	黄昏十字星		(1) 出现在涨势中； (2) 由三根K线组成，第一根为阳线，第二根为十字线，第三根为阴线。第三根K线实体深入到第一根K线实体之内	见顶信号，后市看跌	
2	黄昏之星		和黄昏十字星相似，区别在于第二根K线是小阴线或小阳线	见顶信号，后市看跌	信号不如黄昏十字星强
3	淡友反攻		(1) 出现在涨势中； (2) 先出现一根大阳线，接着跳高开盘，拉出一根中阴线或大阴线，其收盘价与前者相同（近）	见顶信号，后市看跌	转势信号不如乌云盖顶强
4	乌云盖顶		(1) 出现在涨势中； (2) 由一根中阳线或大阳线和一根中阴线或大阴线组成； (3) 阴线已深入到阳线实体二分之一以下处	见顶信号，后市看跌	阴线深入阳线实体部分越多，转势信号越强
5	倾盆大雨		(1) 出现在涨势中； (2) 由一阳一阴两根K线组成 (3) 先是一根大阳线或中阳线，接着出现一根低开的大阴线或中阴线，收盘价低于阳线开盘价	见顶信号，后市看跌	强于乌云盖顶；实体低于阳线越多信号越强
6	射击之星		(1) 出现在上涨趋势中； (2) 阳线（或阴线）实体很小，上影线大于或等于实体的两倍； (3) 一般无下影线，少数会略有一点下影线	见顶信号，后市看跌	实体与上影线比例越悬殊，越有参考价值。如射击之星与黄昏之星同时出现，信号则更可靠
7	上吊线		(1) 出现在涨势中； (2) 阳线（或阴线）实体很小，下影线是大于或等于实体的两倍； (3) 一般无上影线，少数略有一点上影线	见顶信号，后市看跌	实体与下影线比例越悬殊，越有参考价值。如与黄昏之星同时出现，见顶信号更加可靠

续表

序号	名称	图形	特征	技术含义	备注
8	平顶	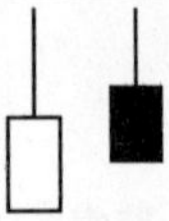	(1) 在上涨趋势中出现； (2) 由两根或两根以上的 K 线组成； (3) 最高价处于同一水平位置	见顶信号，后市看跌	
9	塔形顶	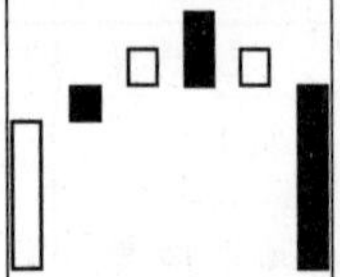	(1) 出现在上涨趋势中； (2) 先是一根大阳线或中阳线，后为一连串的小阳线或小阴线，最后出现一根大阴线或中阴线	见顶信号，后市看跌	
10	圆顶	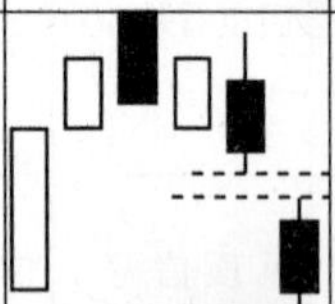	(1) 在上涨趋势中出现； (2) 股价形成一个圆弧顶； (3) 圆弧内的 K 线多为小阳线或小阴线，最后以向下跳空缺口确认圆顶形态成立	见顶信号，后市看跌	与形态理论圆形顶有一定的区别
11	双飞乌鸦	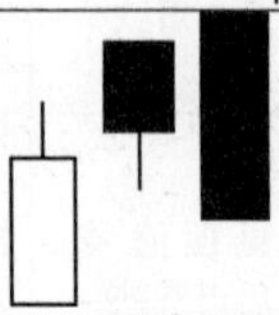	(1) 出现在涨势中； (2) 由一大一小两根阴线组成； (3) 第一根阴线的收盘价高于前一根阳线的收盘价，且第二根阴线完全包容了第一根阴线	见顶信号，后市看跌	
12	三乌鸦		(1) 出现在涨势中； (2) 由三根阴线组成，阴线多为大阴线或中阴线； (3) 每次均以跳高开盘，最后以下跌收盘	见顶信号，后市看跌	
13	高档五阴线	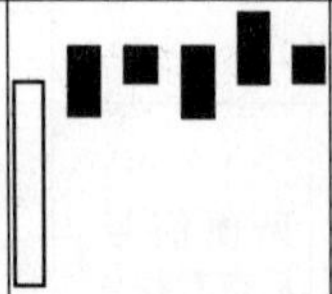	(1) 出现在涨势中； (2) 由五根阴线组成，但多为小阴线； (3) 先是拉出一根较为有力的阳线，接着出现 5 根并排阴线	见顶信号，后市看跌	有时也可能是第六根、第七根阴线
14	下降覆盖线	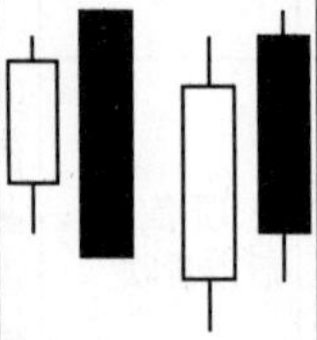	(1) 在上涨行情中出现； (2) 由四根 K 线组成。前两根 K 线构成一个穿头破脚形态，第三根 K 线是一根中阳线或小阳线，但阳线实体通常要比前一根阴线要短，之后又出现一根中阴线或小阴线，阴线实体已深入到前一根阳线实体之中	见顶信号，后市看跌	见顶信号强于穿头破脚
15	低档盘旋形	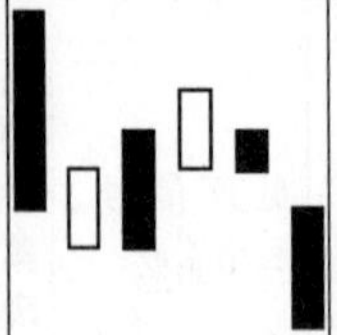	(1) 出现在下跌途中； (2) 由若干根小阴线、小阳线组成； (3) 先是小阴线、小阳线的横盘，后来出现一根跳空向下的阴线	卖出信号，后市看跌	

序号	名称	图形	特征	技术含义	备注
16	黑三兵	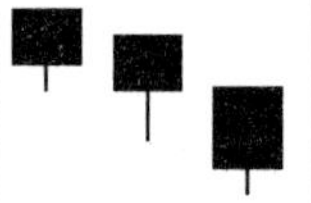	（1）既可以在涨势中出现，也可以在跌势中出现； （2）由三根小阴线组成，最低价一根比一根低	卖出信号，后市看跌	
17	绵绵阴跌形		（1）在盘整后期出现； （2）由若干根小K线组成（一般不少于八根），其中以小阴线居多，也可以夹着一些小阳线、十字线； （3）整个K线排列呈微向下倾斜状	卖出信号，后市看跌	股价很可能就此长期走弱。应及早停损离场
18	徐缓下跌形		（1）多数出现在跌势初期； （2）先接连出现几根小阴线，然后拉出中大阴线	卖出信号，后市看跌	
19	下跌不止形		（1）出现在下跌途中； （2）众多的阴线中夹着较少的小阳线。整个K线排列呈向下倾斜状	卖出信号，后市看跌	
20	下降抵抗形	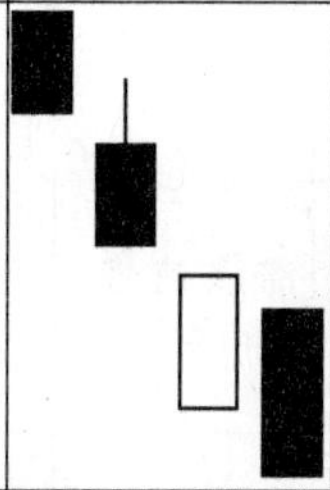	（1）出现在下跌途中； （2）由若干根阴线和阳线组成，但阴线大大多于阳线； （3）连续跳低开盘，即使中间收出阳线，但收盘价也要比前一根K线的收盘价低	卖出信号，后市看跌	
21	高开出逃形		突然跳高开盘（甚至以涨停板开盘），然后一路下跌，最后收出一根大阴线（甚至以跌停板收盘）	卖出信号，后市看跌	一般后市将有一段大跌趋势
22	下跌三颗星	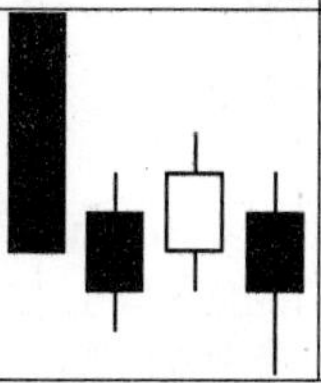	（1）在下跌行情初期出现； （2）由一大三小四根K线组成； （3）在下跌时，先出现一根大阴线或中阴线，随后就在这根阴线的下方出现了三根小K线（既可以是小十字线，也可以是实体很小的阴线、阳线）	卖出信号，后市看跌	表明市场买方意愿不强，市场将以盘跌为主

续表

序号	名称	图形	特征	技术含义	备注
23	下降三步曲		(1) 出现在下跌趋势中； (2) 由五根大小不等的K线组成； (3) 先出现一根大阴线或中阴线，接着出现三根向上爬升的小阳线，但这三根小阳线都没有冲破第一根阴线开盘价，最后又被一根大阴线或中阴线全部或大部分吞吃	卖出信号，后市看跌	
24	空方尖兵		(1) 出现在下跌行情中； (2) 由若干根K线组成； (3) 在拉出一根中阴线或大阴线时，留下了一根较为长的下影线，然后股价反弹，但不久股价又跌至下影线下方	卖出信号，后市看跌	实际上是空方主力向多方进行全面扫荡前的一次试盘
25	倒三阳	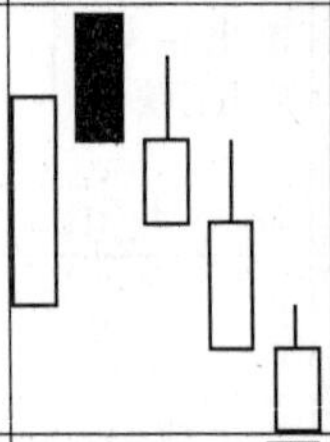	(1) 出现在下跌初期； (2) 由三根阳线组成； (3) 每日都是低开高走，第一根K线以跌势收盘，后两根K线的收盘价低于或接近前一天的阳线开盘价。因此虽然连收了三根阳线，但是图形上却出现了类似连续三根阴线的跌势	卖出信号，后市看跌	下跌概率极大，投资者应趁早离场
26	连续跳空三阳线	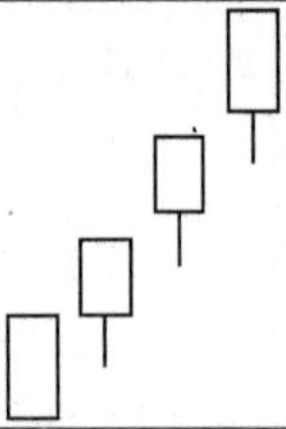	(1) 出现在上涨行情中； (2) 连续出现三根向上跳空高开的阳线	滞涨信号，后市看跌	
27	升势受阻	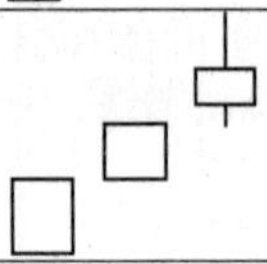	(1) 出现在涨势中； (2) 由三根阳线组成； (3) 三根阳线实体越来越小，最后一根阳线的上影线很长	滞涨信号，后市看跌	
28	升势停顿	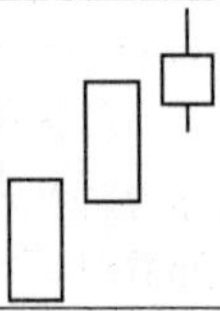	(1) 出现在涨势中； (2) 由三根阳线组成； (3) 上升时先拉出两根大阳线或中阳线，第三根阳线实体很小	滞涨信号，后市看跌	
29	阳线破脚	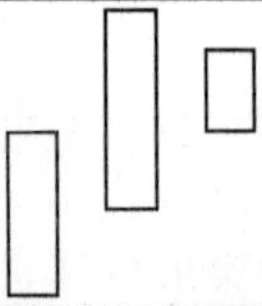	(1) 出现在涨势中； (2) 由三根或以上阳线组成； (3) 最后两根阳线都是低开，且最后一根阳线收盘价比前面阳线收盘价要低	滞涨信号，后市看跌	
30	两阴夹一阳		(1) 既可以在涨势中出现，也可以在跌势中出现； (2) 由两根较长的阴线和一根较短的阳线组成。阳线夹在阴线之中	涨势中出现是见顶信号；跌势中出现，继续看跌	

三、既为上升形态又为下跌形态的 K 线组合一览表

见表 1–3。

表 1–3　既为上升形态又为下跌形态的 K 线组合一览表

序号	名称	图形	特征	技术含义	备注
1	大阳线		(1) 可以在任何情况下出现； (2) 实体较长，可略带上下影线	上涨初期出现，后市看涨；上涨途中出现，继续看涨；连续加速行情中出现，见顶信号。连续下跌中出现，有见底回升之意	阳线实体越长，信号越可靠
2	大阴线		(1) 可以在任何情况下出现； (2) 实体较长，可略带上下影线	涨势中出现，见顶信号；下跌初期出现，后市看跌；下跌途中出现，继续看跌；连续加速下跌中行情出现，有空头陷阱之嫌疑	
3	小阳线		(1) 在盘整行情中出现较多，也可在上涨和下跌行情中出现； (2) K 线实体很小，可略带上下影线	说明行情不明朗，多空双方小心接触，但多方略占上风	单根小阳线意义不大，应结合其他 K 线分析
4	小阴线		(1) 在盘整行情中出现较多，也可在下跌和上涨行情中出现； (2) K 线实体很小，可略带上下影线	说明行情不明朗，多空双方小心接触，但空方略占上风	单根小阴线意义不大，应结合其他 K 线分析
5	十字线		(1) 既可出现在涨势中，也可出现在跌势中； (2) 开盘价和收盘价相同，上下影线较短	涨势末端出现，见顶信号；下跌末端出现，见底信号；上涨途中出现，继续看涨；下跌途中出现，继续看跌	信号可靠性不强。应结合其他 K 线一起分析

续表

序号	名称	图形	特征	技术含义	备注
6	长十字线		(1) 既可出现在涨势中，也可出现在跌势中； (2) 开盘价和收盘价相同，上下影线较长	含义与十字线相同	可靠程度高于十字线
7	螺旋桨		(1) 既可出现在涨势中，也可出现在跌势中； (2) 开盘价和收盘价相近，实体（可阴可阳）可以很小，但上下影线很长	涨势中出现，后市看跌；下跌途中出现，继续看跌；连续加速下跌行情中出现，有见底回升之意	转势信号比长十字线更强
8	一字线		(1) 既可出现在涨势中，也可出现在跌势中； (2) 开盘价、收盘价、最高价、最低价几乎相同	涨势中出现，买进信号；跌势中出现，卖出信号	
9	T字线		开盘价、收盘价、最高价相同，最低价与之有较大距离	涨势末端出现，卖出信号；跌势末端出现，买进信号；上涨途中出现，继续看涨；下跌途中出现，继续看跌	下影线越长，力度越大，信号越可靠
10	倒T字线		开盘价、收盘价、最低价相同，最高价与之有较大距离	涨势末端出现，卖出信号；跌势末端出现，买进信号；上涨途中出现，继续看涨；下跌途中出现，继续看跌	上影线越长，信号越可靠
11	搓揉线		(1) 多数出现在涨势中； (2) 由一正一反两根T字线组成	上涨途中出现，继续看涨；上涨末端出现，见顶信号	途中以小T字居多；末端以大T字居多
12	尽头线		(1) 既可以出现在涨势中，也可以出现在跌势中； (2) 由一大一小两根K线组成； (3) 出现在涨势中，第一根K线为大阳线和中阳线，并留有一根上影线，第二根K线为小十字线和小阳小阴线，依附在第一根K线的上影线之内； (4) 跌势中相反	涨势中，见顶信号；跌势中，见底信号	上影线或下影线的右方的K线实体越小，信号越强

序号	名称	图形	特征	技术含义	备注
13	穿头破脚		(1) 既可以在涨势中出现，也可以在跌势中出现； (2) 由大小不等、阴阳相反的两根K线组成； (3) 涨势中出现，前一根为阳线，后一根为阴线，后者将前者实体全部包容在内；跌势中相反	涨势中出现，卖出信号；跌势中出现，买进信号	两根K线的长短悬殊或一根长K线包容前面的K线越多，信号越有参考价值
14	身怀六甲		(1) 既可以在涨势中出现，也可以在跌势中出现； (2) 由大小不等的两根K线组成，可一阴一阳，也可两阳或两阴； (3) 第一根K线实体要完全包容第二根K线实体； (4) 第二根K线可以是小阴、小阳线或十字线	涨势中出现，卖出信号；跌势中出现，买进信号	若第二根K线为十字线，称十字胎，是力度最大的K线形态之一
15	镊子线		(1) 既可以在涨势中出现，也可以在跌势中出现； (2) 由三根两大一小的K线组成； (3) 三根K线的最高价几乎处于同一水平位置	上涨时出现为头部信号，下跌时出现为底部信号	
16	上档盘旋形		(1) 出现在上涨途中； (2) 由若干根或十几根K线组成； (3) 首先拉出一根较有力度的阳线，接着出现阴阳交错、上下波动范围很小的横盘走势	上档盘旋时间在5~14天之内，多数看涨；超过14天，多数看跌	盘旋时间太久，说明多方上攻愿望不强，因而下跌的概率大
17	加速度线		(1) 既可以在涨势中出现，也可以在跌势中出现； (2) 上涨时出现，表现为开始缓慢爬升，后来攀升速度越来越快，接着连续拉出中阳线或大阳线； (3) 下跌时出现，表现为开始缓慢下跌，后来下跌速度越来越快，接着连续拉出中阴线或大阴线	上涨时出现为头部信号，下跌时出现为底部信号	
18	下跌三连阴		(1) 出现在跌势中； (2) 由三根阴线组成，阴线多为大阴线或中阴线； (3) 每根阴线都以最低价或次低价报收，最后一根阴线往往是大阴线	跌势初期出现，继续看跌；跌势后期出现，见底信号	连续阴跌不止，且股价已有较大跌幅时，表明空方力量已用尽

第三节　K 线的买卖时点

一、锤子线——股价超过锤子线之日买入

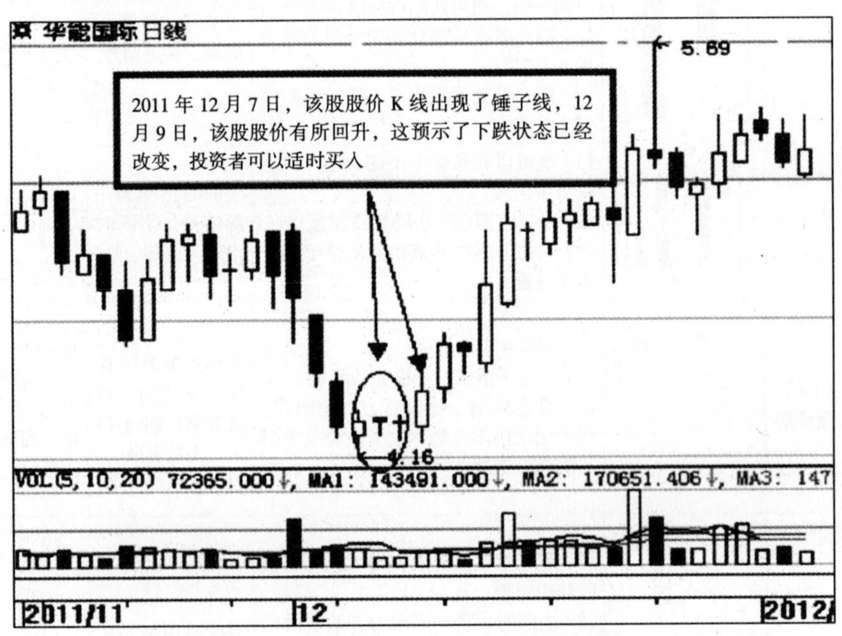

图 1-4　华能国际（600011）K 线示意图

如图 1-4 所示，2011 年 12 月 7 日，华能国际（600011）的股价经过一段时间的下跌后，收出一根锤子线。该形态的出现，表明股价即将见底，是见底买入信号。2011 年 12 月 9 日，股价开始回升，并超越了锤子线的顶部，此时投资者可进行买入操作。

二、倒锤子线——股价超过倒锤子线最高点时买入

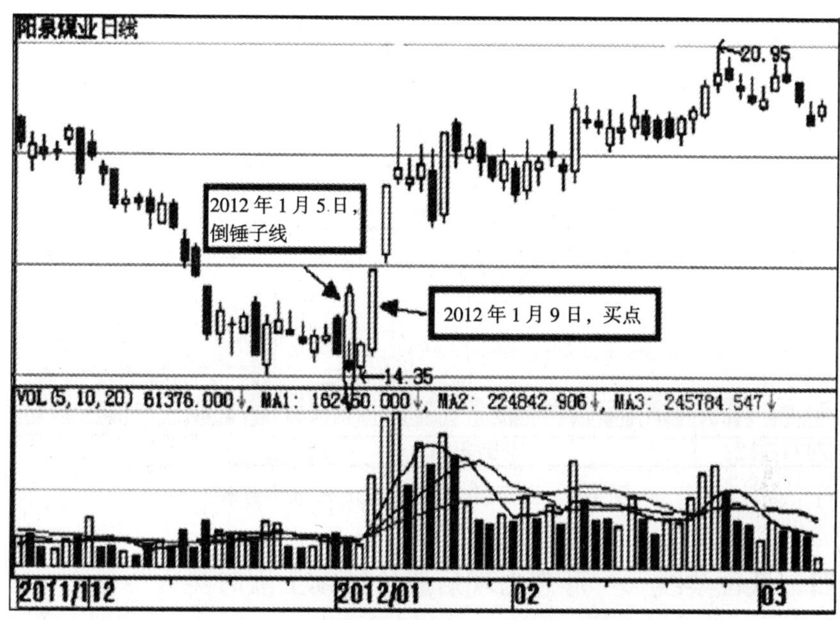

图 1–5 阳泉煤业（600348）K 线示意图

如图 1–5 所示，2012 年 1 月 5 日，阳泉煤业（600348）日 K 线图上出现了倒锤子线。倒锤子线的特征是实体很短，上影线长度超过实体长度的两倍，几乎没有下影线，是看涨买入的信号。图 1–5 中股价虽然被打压，但其见底反弹的趋势已经出现。1 月 9 日，股价高开高走，突破了倒锤子线上影线的部分，这时投资者可以积极买入股票。

三、看涨吞没——形态中的大阳线出现后买入

如图 1–6 所示，2012 年 1 月 6~9 日，江西铜业（600362）日 K 线图上出现了看涨吞没组合。看涨吞没组合的特征是在股价下跌一段时间后出现一根大阳线，这根阳线实体将前一根 K 线实体完全吞没，是看涨买入的信号。江西铜业股价经过一段时间下跌后，出现了看涨买入的看涨吞没形态。1 月 10 日开盘后，投资者可以积极买入该股票。

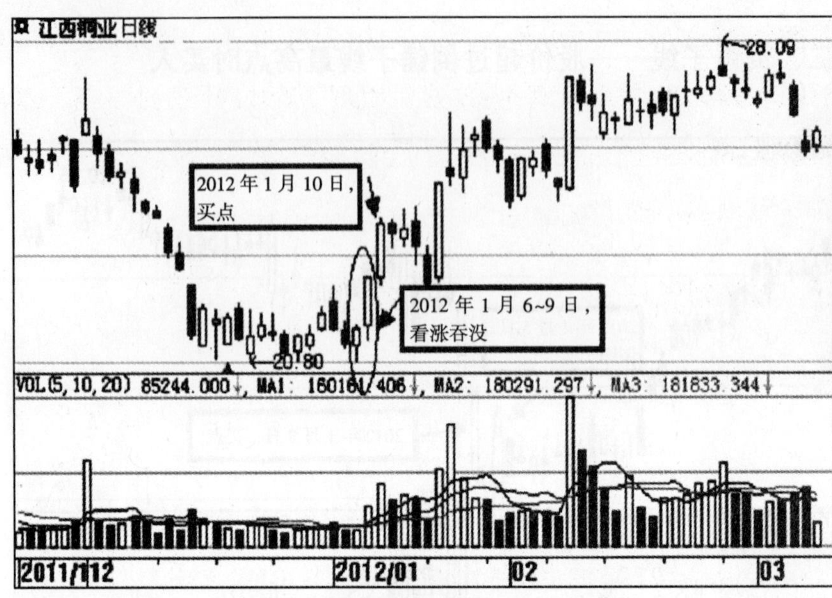

图 1-6　江西铜业（600362）K 线示意图

四、低位孕线——形态出现后股价继续上涨时买入

图 1-7　美尔雅（600107）K 线示意图

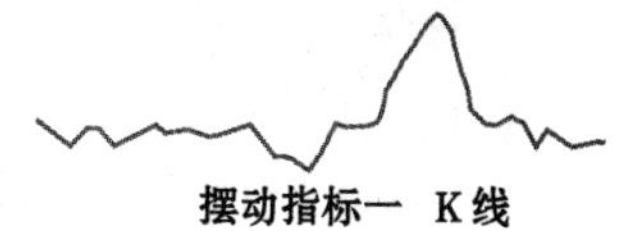

如图 1-7 所示，2012 年 1 月 30 日~2 月 1 日，美尔雅（600107）股价下跌一段时间以后，日 K 线图上出现了低位孕育的形态，这显示了股价有见底反弹的可能。2 月 2 日美尔雅股价高开高走，是投资者买入的好时机。

五、曙光初现——形态出现后股价继续上涨时买入

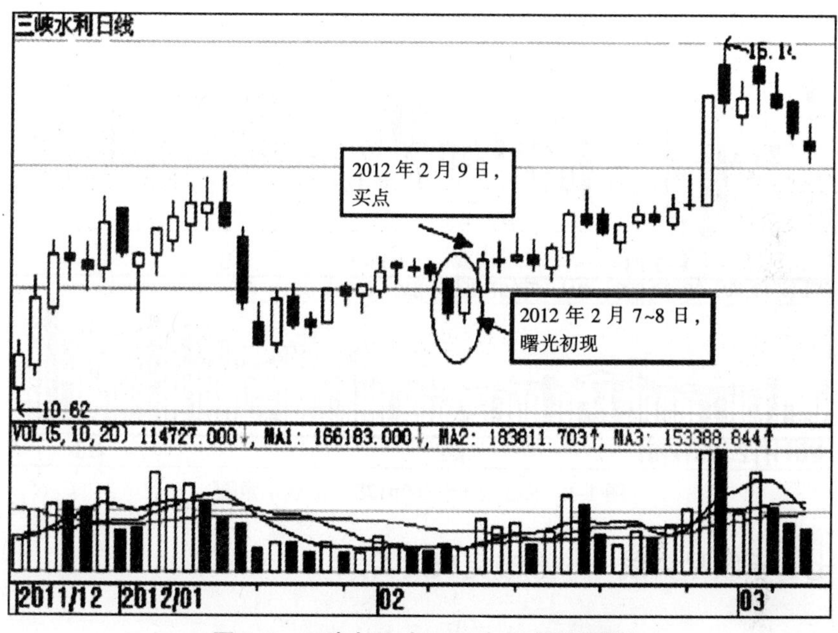

图 1-8　三峡水利（600116）K 线示意图

如图 1-8 所示，2012 年 2 月 7~8 日，三峡水利（600116）股价在一小段小幅下调后走出了曙光初现的状态，这个状态表示多方开始掌握行情，空方的力量渐渐衰竭，是看涨买入的信号。2 月 9 日，股价继续上升，这时投资者可以积极买入。

六、看涨分离——股价超过阳线的收盘价时买入

如图 1-9 所示，2012 年 2 月 7~8 日，弘业股份（600128）股价连续两个交易日的 K 线组成了看涨分离形态，阴线位置的下跌只是长期

上涨过程的正常回调，2 月 9 日是投资者积极买入的好时机。但同时也要注意，这种看涨分离形态只有出现在上涨行情中才是有效的看涨信号。

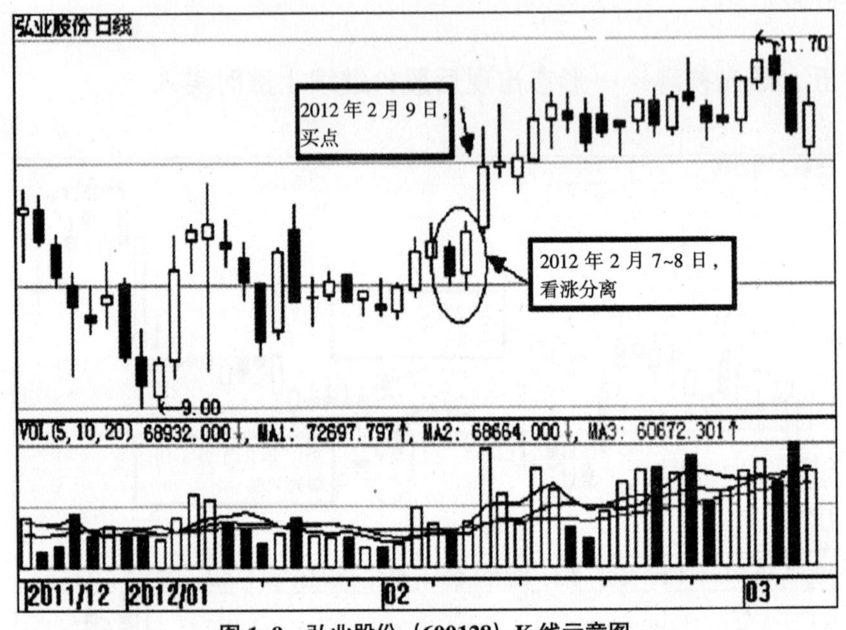

图 1–9 弘业股份（600128）K 线示意图

七、下跌尽头线——形态完成后买入

如图 1–10 所示，2012 年 1 月 5~6 日，西藏药业（600211）股价 K 线图出现了下跌尽头线组合。这个组合形态说明多方在当前价位给予了西藏药业的股价有力的支撑，有见底反弹的趋势，投资者可以根据这个看涨的信号，1 月 7 日开盘时积极买入股票。

八、平头底部——股价突破形态的第二根 K 线实体时买入

如图 1–11 所示，2012 年 1 月 5~6 日，西藏天路（600326）日 K 线图上出现了平头底部组合。平头底部组合并不是十分强烈的买入信号，但如果后一根阳线实体深入到前一根阴线实体的二分之一处，那

么它就是很好的看涨买入信号。1 月 9 日，股价高开高走，这时投资者可以大胆买入。

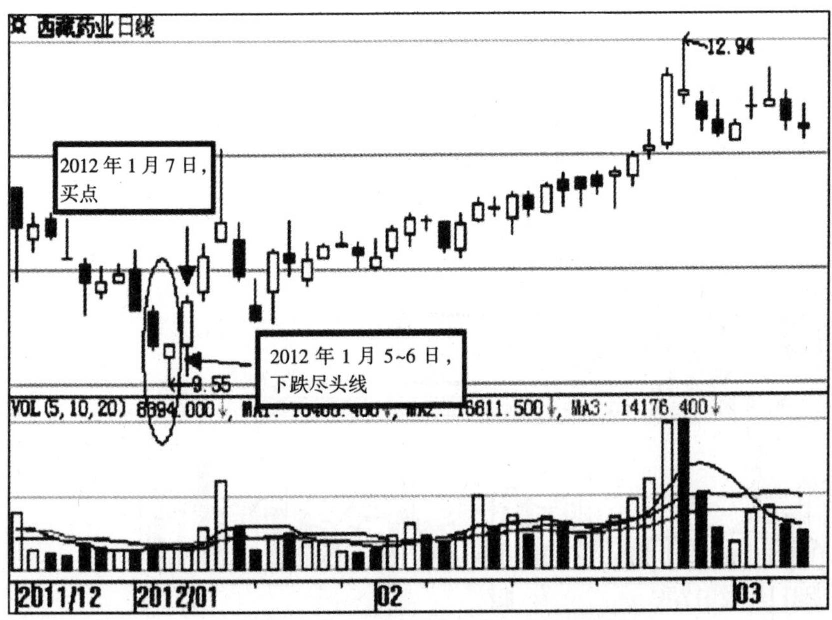

图 1-10 西藏药业（600211）K 线示意图

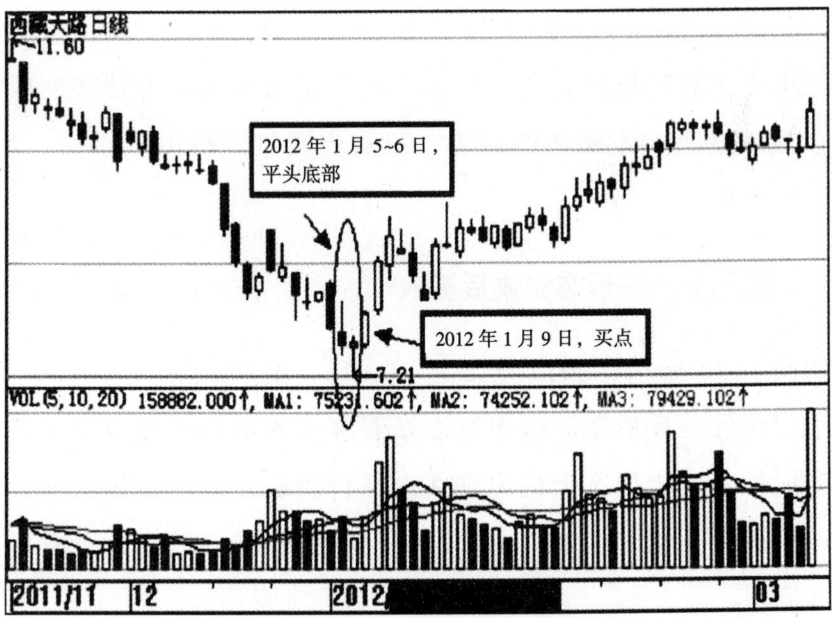

图 1-11 西藏天路（600326）K 线示意图

九、启明星——形态的最后一根阳线处买入

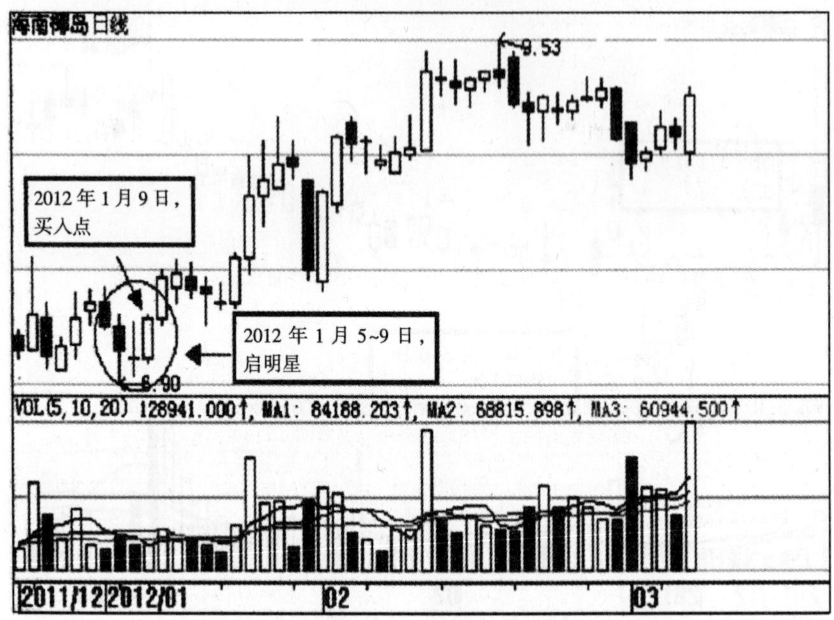

图 1–12　海南椰岛（600238）K 线示意图

如图 1–12 所示，2012 年 1 月 5~9 日，海南椰岛（600238）日 K 线图上出现了启明星状态，这个形态说明了市场由空方强势变成多空僵持，最后变为多方强势的过程。投资者看到这样的形态后，1 月 9 日可以积极买入。

十、红三兵——形态完成后买入

如图 1–13 所示，2012 年 2 月 1~3 日，南纺股份（600250）日 K 线图上出现红三兵形态。这个形态是看涨买入信号，它表明多方在持续拉升股价。这个形态无论出现在上涨行情还是下跌行情尾端，都是有效的看涨买入信号。2 月 6 日，股价继续上涨，那么投资者可以大胆买入股票。

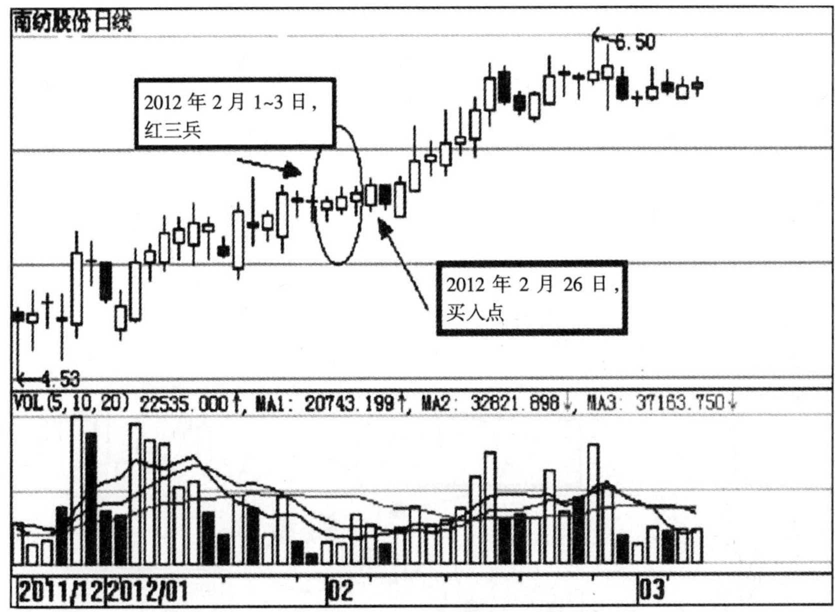

图 1-13　南纺股份（600250）K 线示意图

十一、多方炮——形态的最后一根阳线处买入

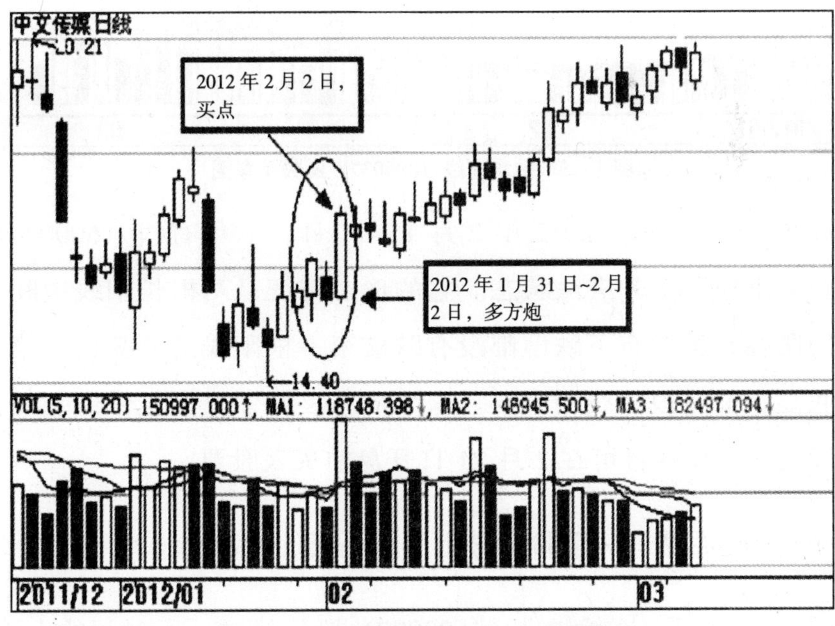

图 1-14　中文传媒（600373）K 线示意图

如图 1-14 所示，2012 年 1 月 31 日~2 月 2 日，中文传媒（600373）日 K 线图上出现了多方炮形态。它既可以出现在涨势中，也可以出现在跌势中，这是一个看涨买入的信号。在图中 2 月 2 日收盘前，多方炮形态已经基本确立，这时投资者可以积极买入。

十二、上升三法——形态的最后一根阳线处买入

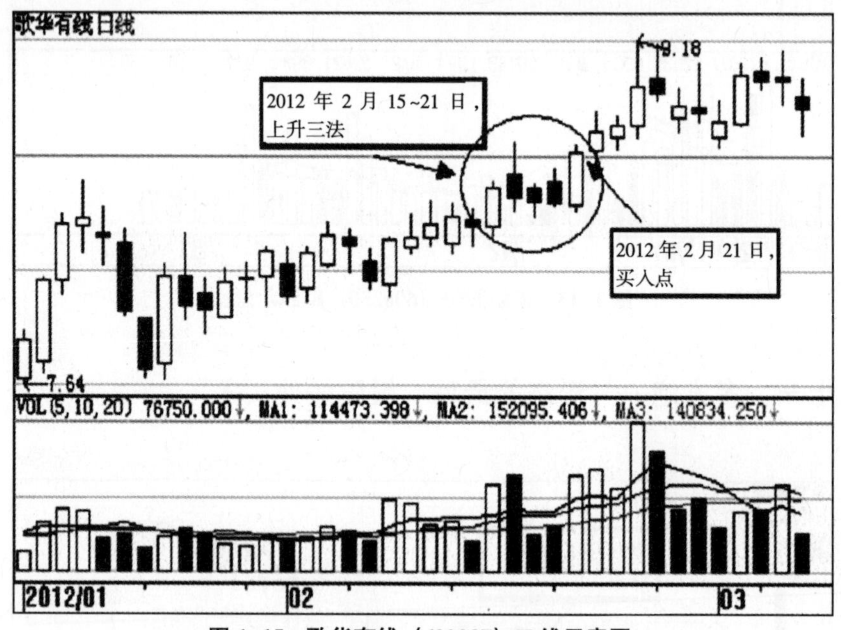

图 1-15　歌华有线（600037）K 线示意图

如图 1-15 所示，2012 年 2 月 15~21 日，歌华有线（600037）日 K 线图上出现了上升三法状态。它的形态特征是两根长阳线中间夹有三根短阴线，虽然有下跌但都没有跌破第一根阳线的开盘价，第二根阳线收复了前三根阴线的跌幅。这个形态表明多方力量依然强劲，行情继续上涨，投资者可在 2 月 21 日开盘前买入股票。

十三、上吊线——股价跌破上吊线最低价时卖出

图 1-16 所示，开创国际（600097）股价经过一段时间的上涨后，

2011 年 11 月 15 日，其日 K 线示意图上出现上吊线形态。该形态的出现，表明股价上涨一段时间后，由于受到空方的打压，开始回落。2011 年 11 月 16 日，股价跌破了上吊线下影线的底端，这是看跌卖出的信号。投资者应把握时机，尽快将手中的股票卖出。

图 1-16　开创国际（600097）K 线示意图

十四、流星线——形态出现后股价开始下跌时卖出

如图 1-17 所示，2012 年 1 月 11 日，开开实业（600272）经过一小幅上涨之后，其日 K 线图上出现了流星线。它的形态特征是 K 线的实体很短，上影线长度超过实体长度的两倍，几乎没有下影线。这表示空方在打压股价，是看跌卖出的信号。12 日，股价继续低开低走，此时投资者应该卖出手中的股票。

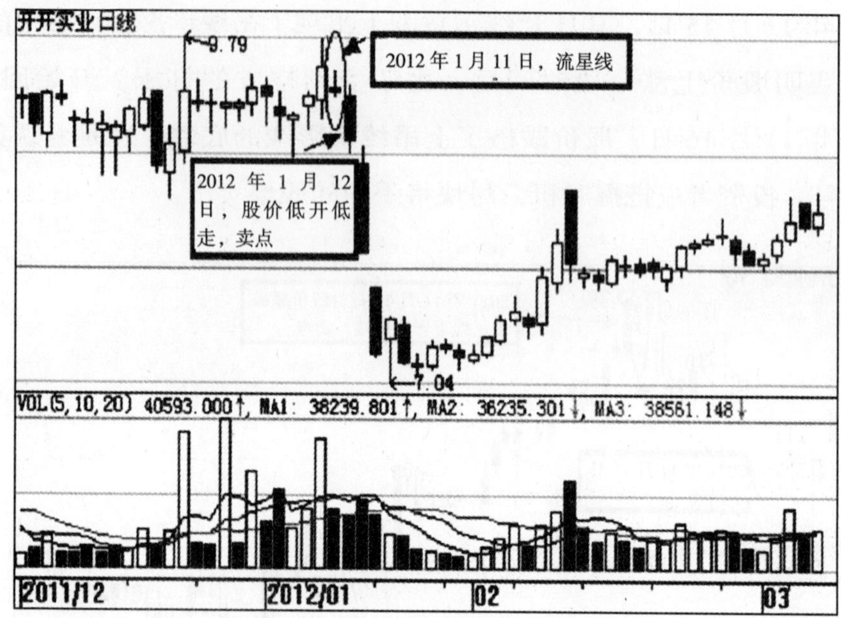

图 1-17　开开实业（600272）K 线示意图

十五、看跌吞没——形态中的大阴线完成后卖出

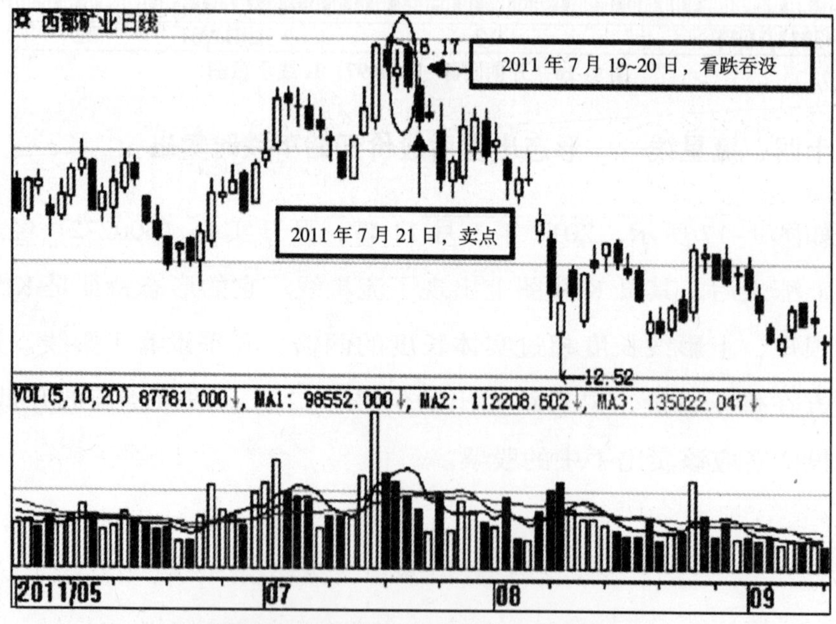

图 1-18　西部矿业（601168）K 线示意图

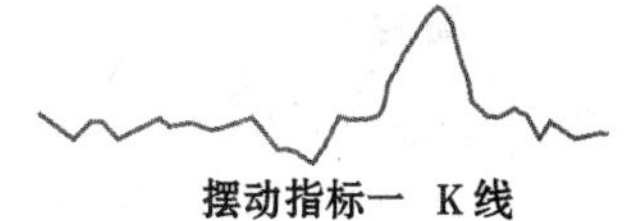

如图 1–18 所示，2011 年 7 月 19~20 日，西部矿业（601168）日 K 线图上出现了看跌吞没形态。这个形态的特征是在股价连续上涨一段时间后出现两根 K 线，后一根 K 线是大阴线，且这根大阴线的实体将前一根 K 线的实体完全覆盖，是看跌卖出的信号。7 月 21 日股价低开低走，投资者应尽快卖出手中的股票。注意看跌吞没形态只有出现在一段上涨行情之后才是有效的看跌信号。

十六、高位孕线——形态出现后股价继续下跌时卖出

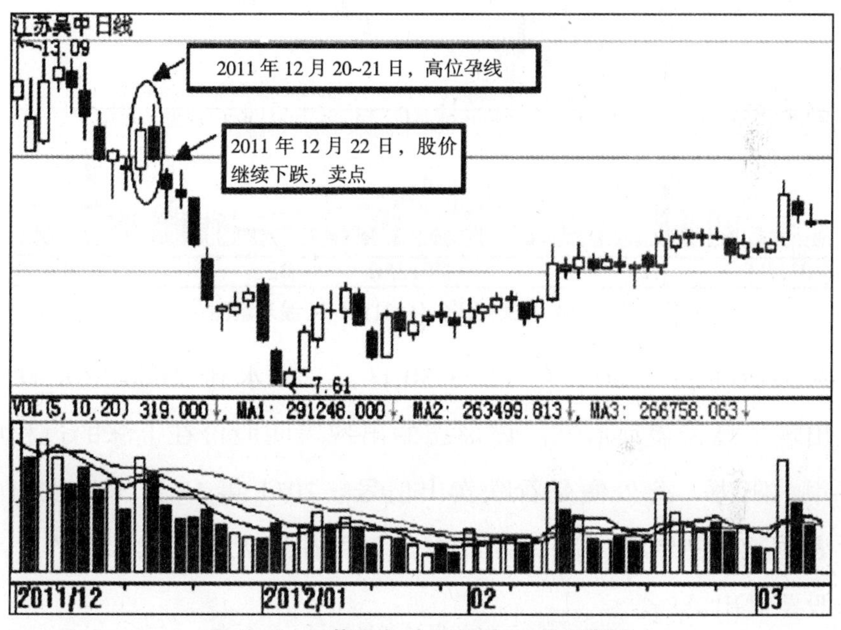

图 1–19 江苏吴中（600200）K 线示意图

如图 1–19 所示，2011 年 12 月 20~21 日，江苏吴中（600200）日 K 线图上出现了高位孕线的组合。这个形态的基本特征是在股价连续下跌一段时间后，先出现一根大阳线或中阳线，之后一个交易日的 K 线实体被这根线实体覆盖，是看跌卖出的信号。12 月 22 日，股价继续低开低走，这时投资者应该将手中的股票卖出。同时要注意，高位孕线只有出现在上涨一段时间的高位才是有效的看跌卖出的信号。

十七、乌云盖顶——形态出现后股价继续下跌时卖出

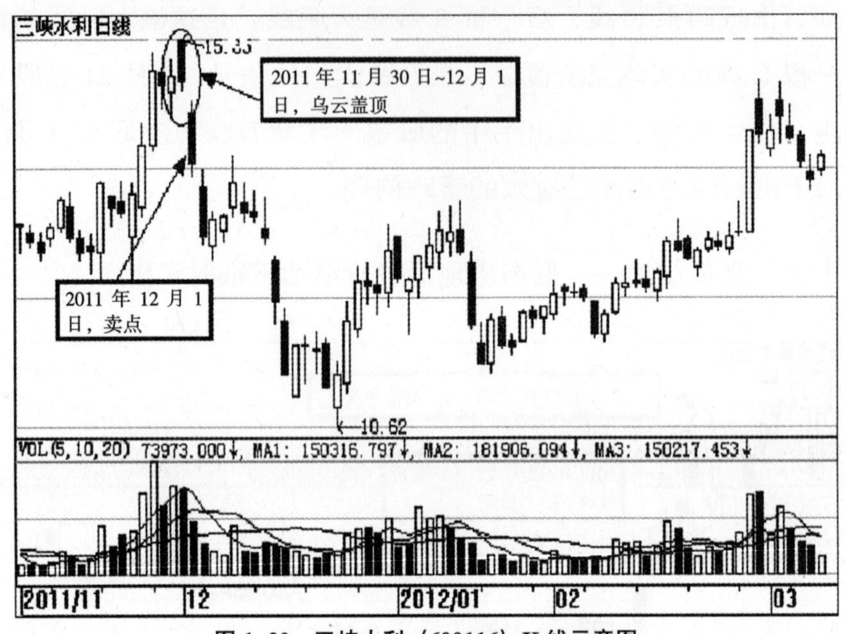

图 1-20 三峡水利（600116）K 线示意图

图 1-20 所示，2011 年 11 月 30 日，三峡水利（600116）日 K 线图上出现了乌云盖顶形态。该形态的出现表明股价在上涨的过程中遇到了很大阻力，此处便是看跌卖出信号。2011 年 12 月 1 日收出的阴线，表明股价将继续下跌。因此投资者可在这天进行卖出操作，将手中的股票卖出。

十八、看跌分离——股价跌破阴线收盘价时卖出

如图 1-21 所示，2011 年 12 月 1~2 日，卧龙电气（600580）日 K 线示意图上出现了看跌分离组合。这个组合的基本特征是在股价下跌过程中出现前阳后阴的两根 K 线，这两根 K 线的开盘价几乎相等。这种形态说明股价仍在下跌，而且短暂的反弹行情已经结束，是下跌形势还将继续的信号。12 月 5 日股价继续低开低走，这时投资者应该卖

出手中的股票。

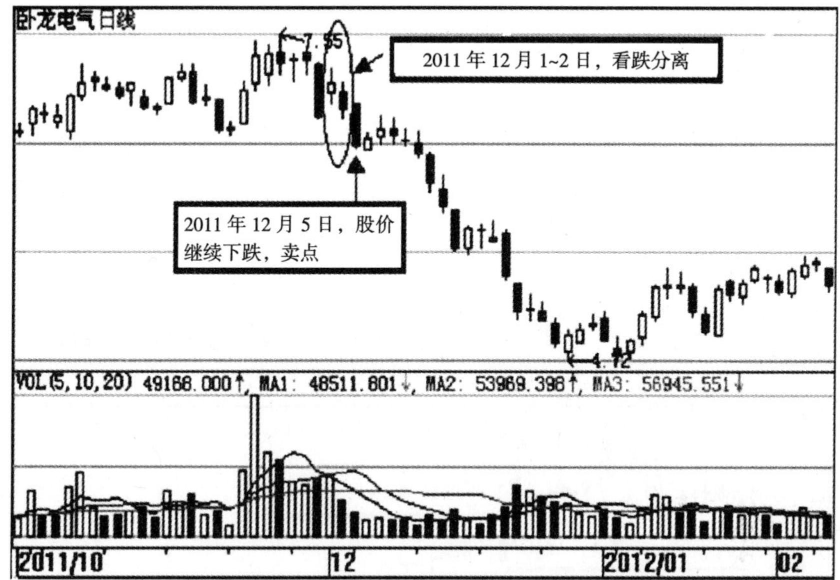

图 1-21　卧龙电气（600580）K线示意图

十九、上涨尽头线——形态完成后卖出

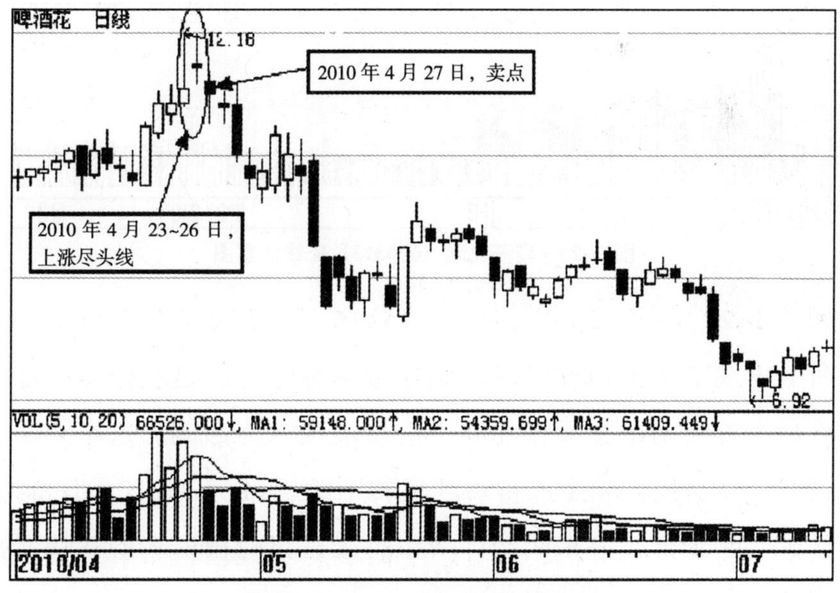

图 1-22　啤酒花（600090）K线示意图

如图 1–22 所示，啤酒花（600090）经过一段较长时间的上涨行情后，2010 年 4 月 23~26 日，该股的日 K 线图上出现了上涨尽头线形态。该形态的出现，表明股价在经过连续上涨后，在顶部区间内受到阻力，可见多空双方的力量相当，双方陷入僵持状态。在 2010 年 4 月 27 日这天，收出的阴线使股价继续下跌。这是明显的看跌卖出信号，投资者见此形态，应及时进行卖出操作，尽快卖出手中的股票。

二十、平头顶部——股价跌破形态第二根 K 线实体时卖出

图 1–23　南海发展（600323）K 线示意图

如图 1–23 所示，2011 年 11 月 15~16 日，南海发展（600323）日 K 线图上出现了平头顶部的形态。这个形态的特征是股价在上涨一段时间之后，连续两个交易日在同一价位遭到阻力回调。这个形态说明市场行情正在转换，未来股价可能反转下跌。11 月 18 日，股价低开，几乎跌破平头顶部后一根阴线，所以这天开盘时投资者应尽快卖出手中的股票。

二十一、黄昏星——形态的最后一根阴线处卖出

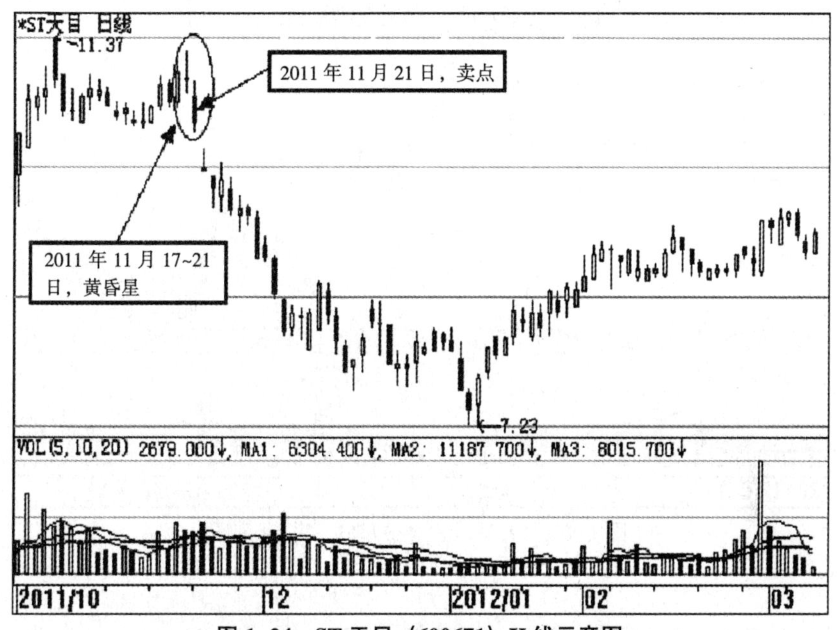

图 1-24 ST 天目（600671）K 线示意图

如图 1-24 所示，2011 年 11 月 17~21 日，ST 天目（600671）日 K 线示意图上出现黄昏星形态。该形态表明股价上涨到星位遇到很大阻力，市场行情开始被空方占据。在 2011 年 11 月 21 日，黄昏星形态确立，此时是较为理想的卖出点。因此，在这天收盘前，投资者应适时进行卖出操作，将手中的股票卖出。

二十二、三只乌鸦站枝头——形态完成后卖出

如图 1-25 所示，2011 年 11 月 29 日~12 月 1 日，四方股份（601126）的日 K 线示意图上出现了三只乌鸦站枝头的形态。该形态形成后，2011 年 12 月 2 日又收出一条阴线，使得股价继续下跌。因此，投资者可在此时卖出止损。

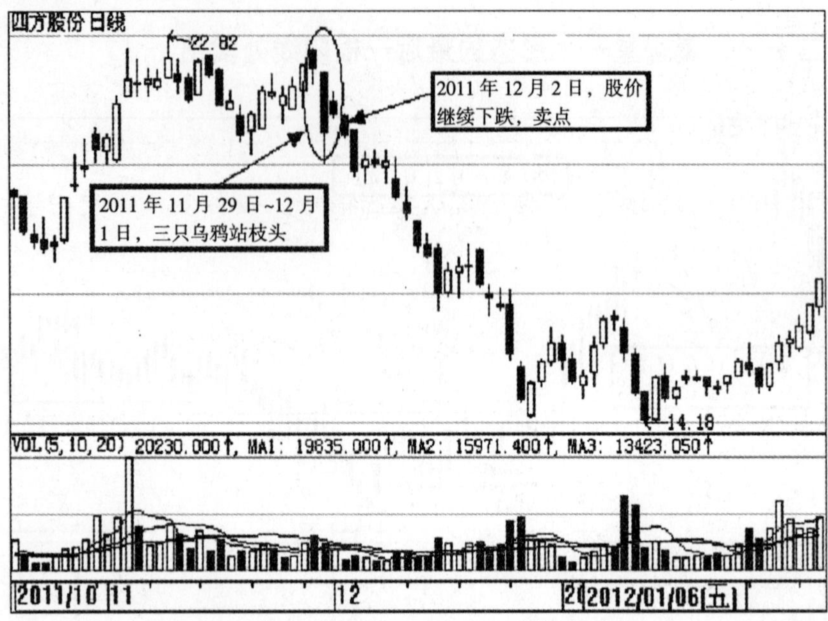

图 1-25　四方股份（601126）K 线示意图

二十三、空方炮——形态的最后一根阴线处卖出

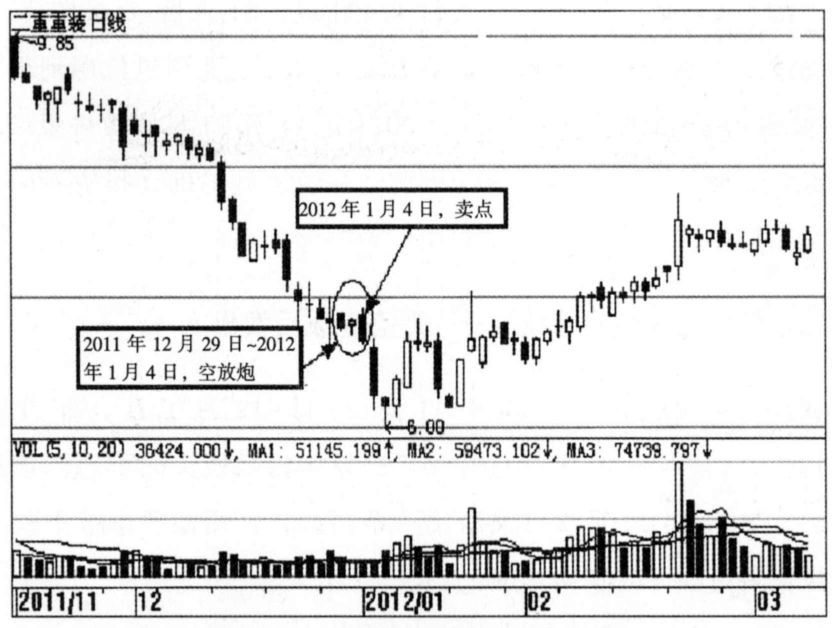

图 1-26　二重重工（601268）K 线示意图

如图 1–26 所示，2011 年 12 月 29 日~2012 年 1 月 4 日，二重重工（601268）日 K 线图上出现了空方炮形态。在此形态出现之前，股价已经经历一段时间的下跌行情，因此未来股价的下跌空间会比较有限。但 2012 年 1 月 4 日这天，也是看跌卖出信号。投资者此时卖出手中的股票，可以减少损失。

二十四、下降三法——形态的最后一根阴线处卖出

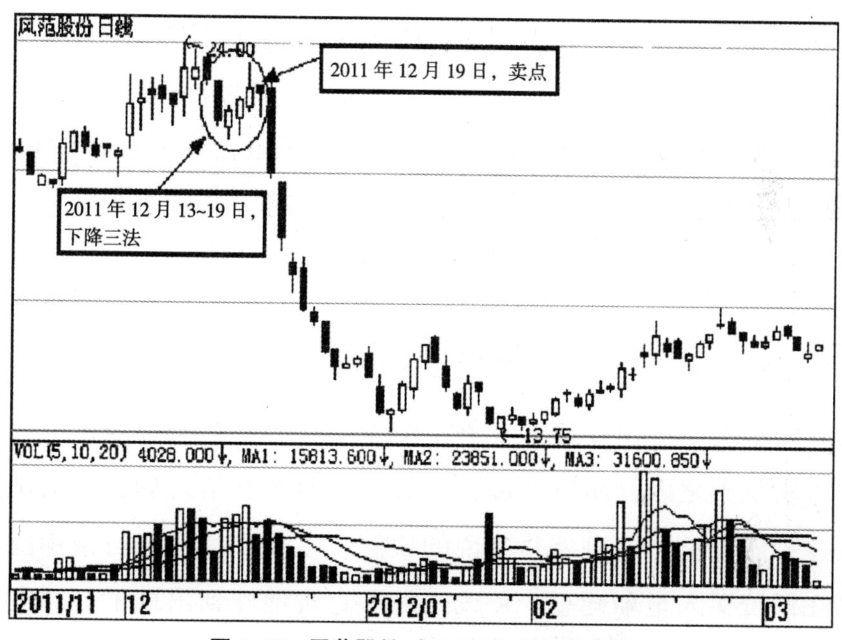

图 1–27　风范股份（601700）K 线示意图

图 1–27 所示，风范股份（601700）的日 K 线示意图上出现了下降三法形态。这说明该股还将持续下跌行情，多方的反击无效，股价仍将继续下降。因此，投资者可在最后一根阴线收盘前，将手中所持有的股票卖出。

第四节 K线图进阶看法

一、识破主力吸筹

主力吸筹是能够观察出来的，因为主力在吸筹时，对于该股的走势将产生影响，并且主力在建仓吸筹时是真正地买入筹码，主力在抛出套现时也是真正地卖出筹码，因此如此巨额资金在一只股票中进出，是必然会出现痕迹的。下面我们就来看一下集中主力吸筹的K线形态：

（一）牛长熊短

主力吸筹影响着一只股票的多方以及空方的力量。股价在主力积极买入的情况下，也在逐渐上涨。但主力建仓常是有计划性地控制在某个价格范围之内，所以在股价度过一段慢牛行情之后，常会出现主力快速打压股价，这也就是常说的快熊。主力在快熊的行情中能够再重新在低价买入重新建仓。K线图能够直观地看到出现了一波或者几波的牛长熊短的N形K线形态。

（二）红肥绿瘦

在主力吸筹时期的K线图中阳线占据大多数时，若出现少量绿色阴线时，这种形态也就是我们所说的红肥绿瘦。主力在吸筹时，为了占据更多的低位筹码，常会在交易日的开盘时抢占控制开盘价的方法，让该只股票低开并且当天主力会积极买入让该股股价出现高走的行情。这样在收盘的K线图中就会出现一根红色阳线。

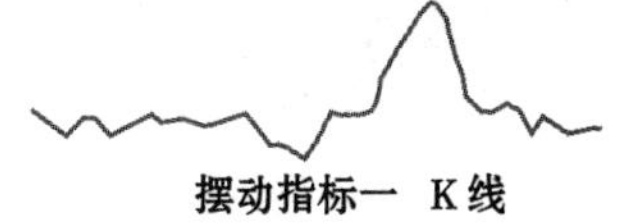

（三）窄幅横盘

主力在吸筹时常会在该股底部留下窄幅横盘箱体的形态，此时该股的下跌行情在主力资金介入时得到了缓解，由下跌转为横盘。当这种横盘范围控制在很窄的范围内也就是在幅度15%之内时，表明主力将股价控制在吸筹价格范围之内，这也就能够确定主力已经入场吸筹了。

以上介绍的三种形态是较为常见的主力吸筹的K线形态，主力吸筹K线形态研究是技术分析中重要的一部分，因此以上只是简略介绍。

二、多空力量转变

多空力量短期内的较量至少需要依据三根K线组合才能够看出。有时市场人气爆发，常会将股价推出合理的价格位置，但随着成交量配合，多方的力量常在连续上涨行情中消耗大半，K线图中量增价滞的短期头部也能够说明多空双方力量在短期内将要发生转变。

在周成交量慢慢增大时，若占据流通市值的1/3，依然留下较长的上影线，那么周K线图形态也清晰地说明，上涨趋势减弱受阻，下周将探底蓄势为主要走势。那么，下周操作时可以较慢进行，主要以中期为主打，在分析股市未来涨跌趋势时，应当偏重分析连续三周周K线组合。

（一）K线走势展现多空暗斗的局面

1994年1月28日，安信信托正式上市，如图1-28所示。

该股上市的第一天的日K线为下影线0.03元，实体1.45的大阴线；第二天日K线表现出8元下方有大量买入者，但是拉升股价意愿不足；但是从第三天开始，就拉动四条阳线并且第四根阳线在上市以

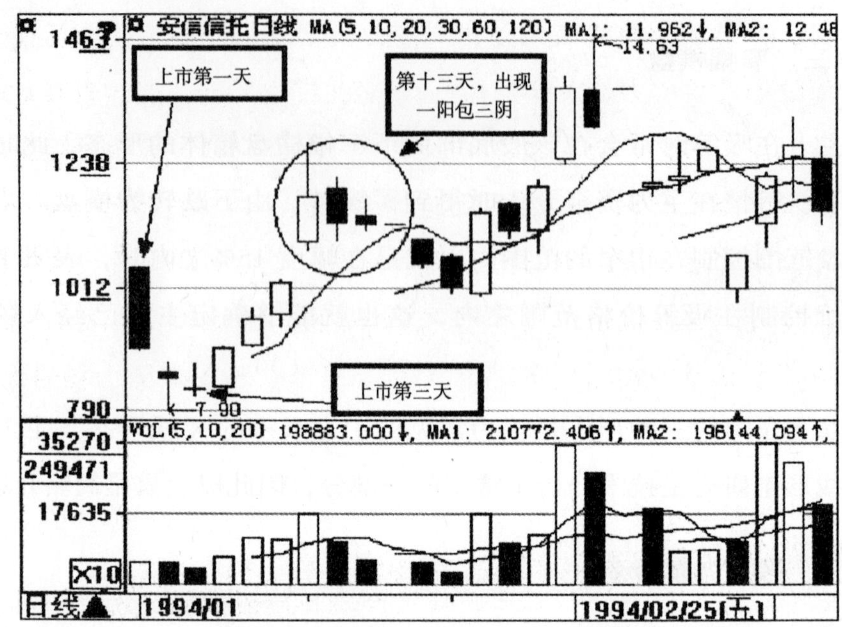

图 1-28 安信信托（600816）K 线走势图

来第六个交易日 K 线实体已经切入第一根阴线之上，这就表明多方力量蓄势待发爆出新高；第七个交易日开盘价为 10.97 元，拉出下影线 0.17 元，上影线 0.97 元，实体 0.83 元的中阳线，根据 K 线组合看出，第八个交易日若不能在前天上影线附近整理股价将会出现回落，当然实际上，确实也是有了回档的出现。

在第十二个交易日 K 线关闭了 10.3~10.84 元跳空缺口之后，成交量创出新高，这就说明多头将要发动第二次上攻攻势。第十三个交易日日 K 线出现一阳包三阴的形态，紧接着后一天交易日日 K 线对抗出现了高位阴线但性质却是上升切档形，这就表明这只股票还有创出新高的可能，实际上该股确实上升到了 14.63 元。

（二）K 线组合常被用作预示后市呈换挡下降或是阴线逆进型

K 线图能帮助投资者研判应当偏重于高位还是低位，特别是综合强势板块 K 线分析来研判主力的动态，才能够确认新的行情趋势。

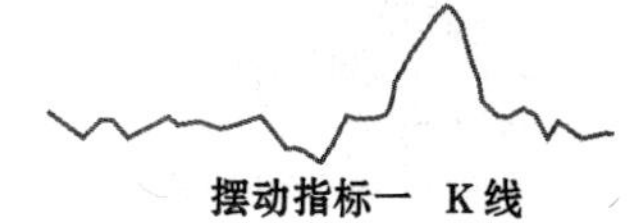

在证券市场中顺势而为往往能使你事半功倍。不论是在行情上涨或者下跌中，多空力量总会出现变化，而K线形态就能够直观地表现出这种力量转换，若想在股市中领先他人一步获利，那么最重要的就是要观察掌握市场动态，找到交易最佳时机。根据整体趋势看来，K线组合维持变动平衡，当股价出现过分涨幅或者下跌时总会再重新回落或者拉升，这也就是我们常说的价值中枢。因此投资者若能够结合K线图并且掌握中期乖离率理性操作，那么在股市中将会畅通无阻，遥遥领先。

三、下影线测市

下影线常被用来判断股价的未来走向，也是股价支撑力量强劲的表现。以下我们结合实战看看下影线较长的K线形成之后股市后市的影响。

下影线有两类：第一类是下探型下影线；另一类是止跌型下影线。下探型下影线也就是股价沿着下影线的方向持续下跌，也称为“魔鬼探路”，属于下跌抵抗型；止跌型下影线也就是股价在到达底部将要探底回升，也就是“定海神针”，属于反攻转势型。

这两种类型下影线怎么区别呢?

首先要理解的是，某日K线出现较长下影线也不代表一定会止跌。比如，当股价较高的时候，并且出现将要调整迹象，即使出现较长下影线也不能说明股价已经止跌，只能够表示主力还有较多存货，势必要制造震荡或者平稳股价才能够逐渐抛出筹码。因此这里面的下影线偏重于“魔鬼探路”，股价将还会处于下跌行情中，如图1-29所示。

如果长下影线发生在大跨度的调整中，比如，股价下跌超过25%以上时，出现的长下影线则支撑力度明显，会向散户发生较为可靠的止跌信号，如图1-30所示。

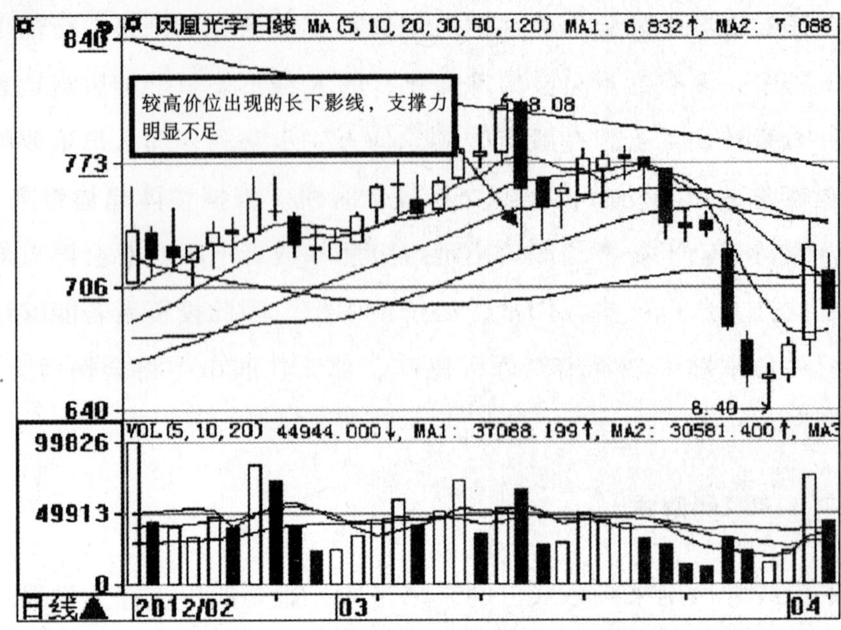

图 1-29 凤凰光学（600071）K 线走势图

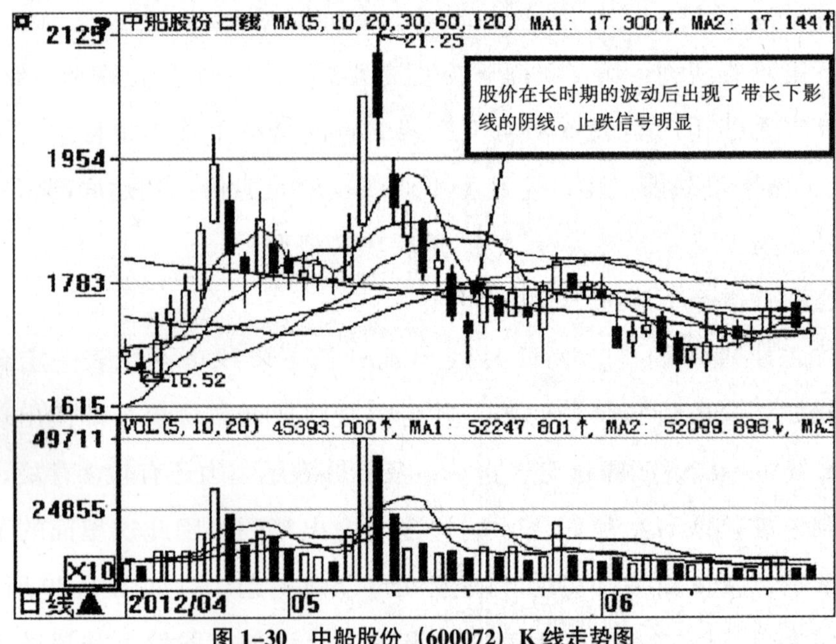

图 1-30 中船股份（600072）K 线走势图

如果在小跨度的整理中，且股价下跌幅度在 15%~20%，则此时的长下影线止跌也具有一定的可靠性。

从图 1-29、图 1-30 中还可以发现，止跌型 K 线与下探型 K 线的区别，其实在于长下影线之后出现的两根 K 线组合中：通常第二根 K 线小阴小阳都可以，但若第三根 K 线若是大阳线则表明长下影线的 K 线是止跌型 K 线；若相反是阴线并且实体较长，那么就是下探型 K 线。

四、上影线寻庄

上影线通常被用来判断庄股的痕迹。当某交易日中出现一根带上影线的 K 线，并且成交量也配合放大，那么很有可能是庄家逃跑匆忙而没有及时销毁证据导致的。而且如果是这种情况的话，此后股价将会出现见顶，未来可能出现反复下跌的行情，如图 1-31 所示。

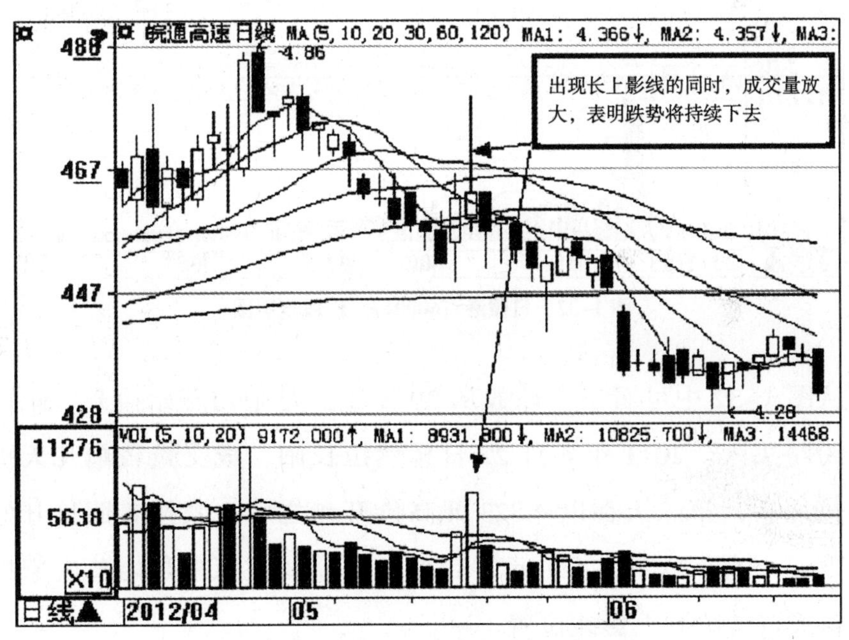

图 1-31 皖通高速（600012）K 线走势图

这种 K 线形态也就是一根 K 线并且有着较长的上影线，成交量也随之放大，股价却当日出现反转下跌。这种形态一般出现在上涨行情末期，股价在加速上涨之后出现的跳空缺口。当日股价在快速上涨之后又出现直线下跌，只留下较长的上影线。

当主力诱多的时候，开盘时先将股价拉高，使投资者跟风买入，当猎物上钩之后再做空，此时股价的特征是先升后跌。典型例子是日照港（600017），如图 1-32 所示。

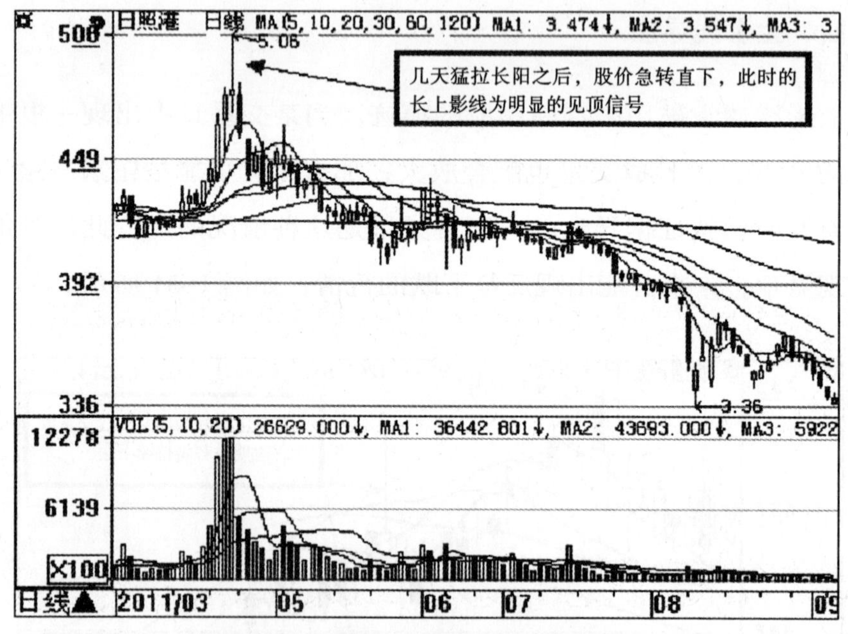

图 1-32　日照港（600017）K 线走势图

从图 1-32 中可看出，该股从 2011 年 3 月中旬开始拉升，跟风者马上纷纷买入。2011 年 4 月 22 日猛然拉长阳，成交量较前几天提升了五倍之后，第二天在以 4.823 元高价开盘之后，紧接着股价开始急转直下，一直下跌到 3.421 元。后来人们才知道原来是内幕庄家挖的陷阱将投资者陷到上影线位置。

另外，在连续的上涨行情中也可能出现这样的情况。当投资者获利较为丰厚，但对于股票后市的看法有分歧的时候，多头阵营容易出现变化，导致短线投资者纷纷抛出股票，使得股价短期内见顶下跌，此时也会出现较长的上影线。如上海梅林（600073），如图 1-33 所示。

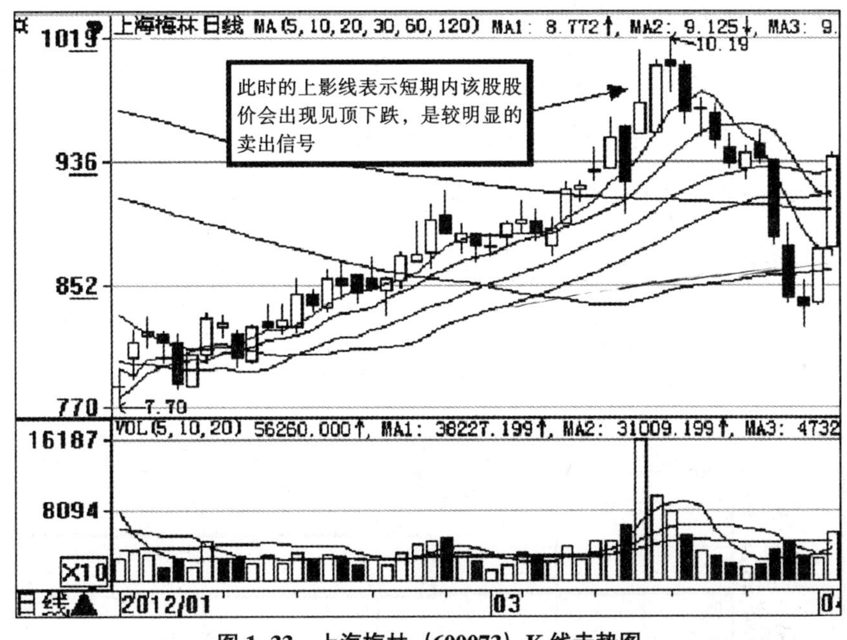

图 1-33　上海梅林（600073）K 线走势图

所以，投资者最好对带上影线的 K 线保持高度警惕，尤其是在很多股票都出现这种形态时，大盘出现见顶可能性较大。

第五节　分时 K 线图的看法及意义

“会买的不如会卖的。”在股市中也是如此，在大盘不断创出新高的今天，很多投资者都有指数上涨容易但获利较为困难的问题，跟买卖细节并无关系，但是不管是题材股疲软还是蓝筹股行情暴涨，最直观的表达方式就是在股价形态中表现出趋于强势或是弱势，只是投资者没有办法找到这种变化依据，这也就使得获利本应丰厚到不赔不赚，或者是较小的获利到亏损，这都是在操作中找不到方向的后果。

这时我们不禁要问，为什么会出现这种情况呢？这是因为投资者对于股价变化并不敏感，并且也是对于形态短周期变化趋势的了解程度较少所造成的。分时 K 线图的出现正好解决了这种情况。这种 K 线组合提供了一个观察点，并且相较于日 K 线图的周期更短，单位周期分别为 60 分钟、30 分钟、15 分钟以及 5 分钟。这种 K 线组合是特定时间内股价波动趋势，与 K 线图用法大致相同。以大智慧软件为例，在股票分时图的正上方，有分析周期一栏，其中可以任意选择 5 分钟 K 线分析周期、15 分钟 K 线分析周期等，如图 1-34 所示。

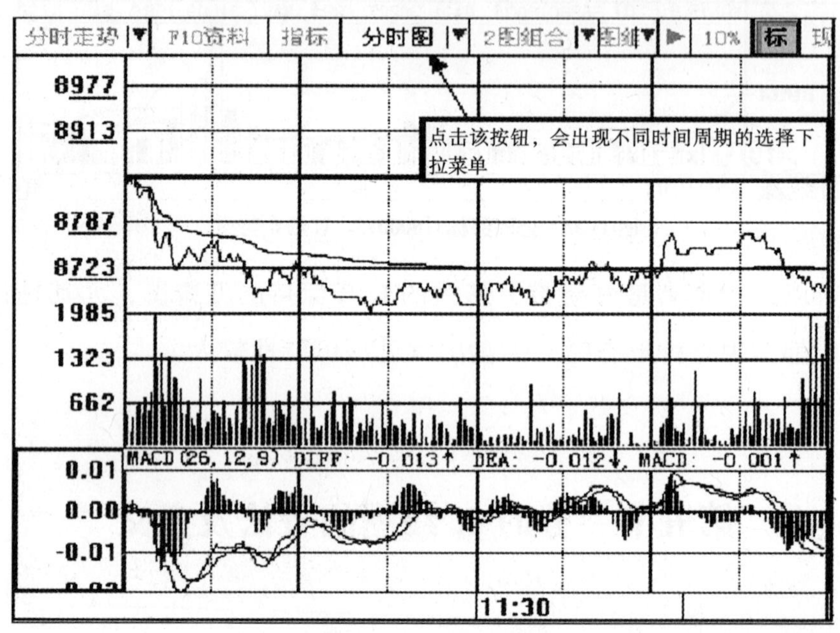

图 1-34　分时 K 线图

这种 K 线图组合的原理着眼点是：帮助散户在短时间内迅速看出该股股价一直以来的变化，且从中找出异常。比如说放量、缩量的形成过程，以及最近资金的活跃度和是否有“颓势”征兆，等等。分时 K 线图的这种变化敏感性不管是日 K 线图还是周 K 线图都不能及，正因为如此，其对短线趋势的把握和操作才会产生非同寻常的意义。

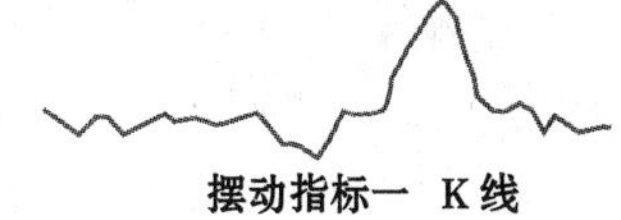

第六节　周K线、月K线的看法及意义

在一轮大牛市中，是否能够判断上升趋势十分重要。在日常使用的各种技术指标中，周期过短常会发出错误信号，甚至不同的技术指标的信号是相反的，因此找到正确的周期指标也很重要。

从实战获利来分析，对于分析准确大趋势并且能够顺势操作的投资者来说，获得的利润最大。也就是说，在上涨行情中能够耐心待涨并且选择合适时机在利润最大时获利，在下跌行情中选择轻仓或者空仓来回避风险才是最好的选择。

通常来看，日线时间过短，一般操盘资金能够在较短的时间内操纵股价走势，常会出现骗线来误导投资者。但中长线的行情趋势是一般资金不可控制的。在判断行情走势时，选择运用各类指标的周线或者月线都较为稳妥。有一些个股走势使用日线不能够准确判断时，在使用周线以及月线时就较为清晰。

在这其中均线指标重要的在于半年线以及年线的走势。通常一轮大牛市的半年线常会在年线上方，短期股价也应当在年线上方运行，一旦在半年线回落时才是对于行情开始新的分析判断之时。MACD、RSI 等指标也应当以周线为主打，这样能够有效地避免个股盘整中骗线的可能。另外在熊市中使用周线或者月线，也能够避免由于短期反弹而导致的亏损风险。

仅使用周线或月线判断行情趋势也并不是完美的。当强势个股在卖出时，通常不会在最高价格位置卖出，另外个股卖出时也不可能在最低点卖出。所以这种操作方法并不能够在最低点以及最高点进行买卖操作。但是此操作方法优势在于能够大致掌握一轮大行情的主要机会，并能够有效避免风险，安全获利。在一轮牛熊交替的周期里，这种操作方法能够降低操作次数，减少操作风险，保持利益最大化，适合中长线投资者使用。

小　结

(1) K线是股市动向的特殊语言，它能够充分揭示股价运动的强弱以及买卖双方力量的平衡，对后市的预测能力比较准确。

(2) K线按照不同的标准可以分为不同的类型，比如形态上的阳线、阴线，时间上的日线、周线、月线等。

(3) K线及K线组合共分成三大类：上升形态和见底形态、下跌形态和滞涨形态、既是上升形态又是下跌形态。

(4) 上升形态和见底形态，当这种K线及K线组合出现时，表明股价要上涨或者股价已经见底。

(5) 下跌形态和滞涨形态，当这种K线及K线组合出现时，表明股价要下跌或股价上涨遇到阻力，短期内股价可能下跌。

(6) 既是上升形态又是下跌形态，当这种K线及K线组合在某种场合出现时，表明股价要上涨；而在另一种场合出现时，表明股价要下跌。

(7) 不同的K线和K线组合代表不同的意义。

(8) K线图集中反映了股价走势的核心信息。

(9) 由几根K线组成的特殊图形预示了股价将会出现的某种

变化，其中就有合适的买点和卖点。

(10) 投资者应该掌握一些经典的K线组合形态，这对适时地买入和卖出股票有很大的帮助。

摆动指标二　威廉指标

在股市中有时会出现超买超卖的非常态行情，这时行情不稳，很多技术指标并不能准确地表现出当前股市中的变化，这就出现了威廉这一指标。威廉指标能够更为准确地研判非常态行情，能够看清短期内买方以及卖方的力量。威廉指标能够较为准确地发出提醒投资者买卖的信号，是十分敏感的指标。另外威廉指标是股票市场常用的短期研判指标，对于研判短期行情也十分实用。

第一节　威廉指标简介

一、什么是威廉指标

威廉指标是拉瑞·威廉在 1973 年发明出的分析市场短期买卖气势的技术指标，以 W%R 表示。属于超买超卖指标的一种，简称 W%R 或者%R 指标，如图 2-1 所示。

该指标指的是当天收盘价在过去行情价格范围中的相对位置，是一种具备超买超卖并且能够强弱分界的指标。它主要运用于辅助其他指标确认各种信号，是股市技术指标中较为常见的短期研判指标。

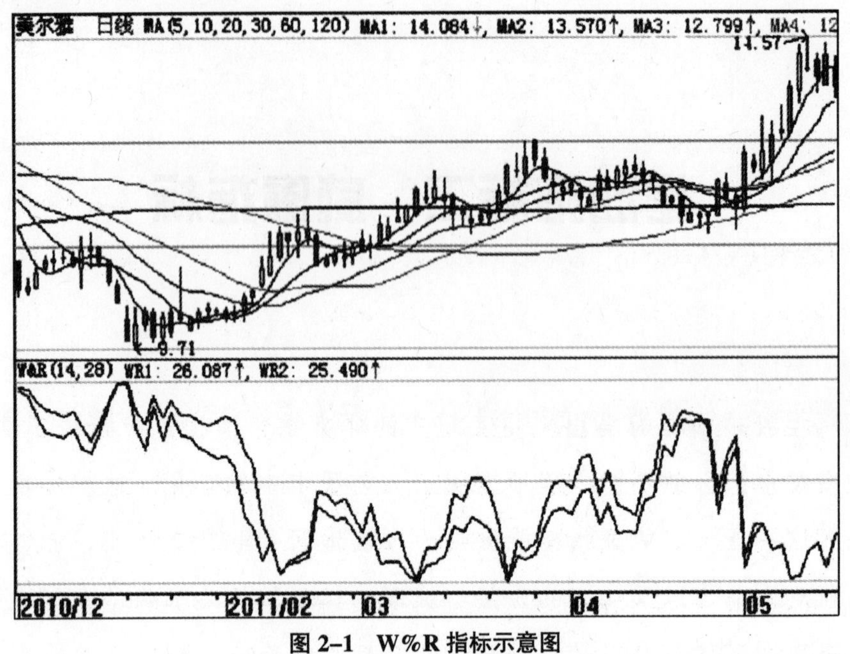

图 2-1 W%R 指标示意图

二、W%R 指标的构成原理

W%R 指标和其他指标一样，也可以运用于行情的不同周期，一般也以时间段的不同分为日、周、月、年、60 分钟、30 分钟、15 分钟、5 分钟等周期。各种周期的研判时间虽有区别，但原理都是一样的。比如，日 W%R 指标表示的就是当天的收盘价在过去的一段时间内的全部价格范围内所处的相对位置，把这些日子里的最高价减去当天的收市价，然后再把它们的差价除以这段时间的全部价格范围就能得到当天的 W%R 指标了。

W%R 指标和其他指标的不同之处在于：W%R 指标的取样时间较短，若出现大行情常会错过，并且 W%R 指标较为敏感，在实际操作中，完全按照记号出入市场较为频繁；随机指标的采样时间较长也较为稳定。所以，在使用 W%R 指标时，最好结合强弱指数、动向指数等较为平衡的技术指标综合研判行情，才能够有效地判断行情趋势走向。

三、W%R 指标计算方法

在 W%R 指标的计算中，参数的设定是第一步。仍然以日为买卖周期为例，这样一个循环周期就是 8 日、14 日、28 日或者 56 日，扣除周六和周日两天，实际的交易日就是 6 日、10 日、20 日、40 日，如此取其一半则为 3 日、5 日、10 日和 20 日。

其计算公式为：

$$W\%R = 100 - (C - Ln) / (Hn - Ln) \times 100$$

【注释】公式中 C 为当天收盘价，Ln 为 n 日内最低价，Hn 为 n 日内最高价，公式中 n 为取样天数，一般设为 14 日和 28 日。在实际的计算当中，n 值越小，W%R 指标波动频率越高，对于散户来说，把握价格变化的灵敏度就越高。

第二节　W%R 指标的顶底背离

一、顶背离

在股价 K 线图中，股票走势持续走高，股价也在一直上涨，但是 W%R 指标图中的 W%R 曲线的走势却从高位开始走低，这就是顶背离现象。顶背离现象常是股价将在高位反转下跌信号，说明短期内股价会出现下跌行情，是一个较为强烈的卖出信号。如图 2-2 所示。

二、底背离

在股价 K 线图中走势一峰较一峰低时，股价也在一直下跌，但是

W%R 指标图上 W%R 曲线走势从低位开始一峰较一峰走高，这就是底背离现象。底背离现象通常是股价将在低位反转上升的信号，说明短期内股价开始上涨行情，是一种较为强烈的买入信号。如图 2-3 所示。

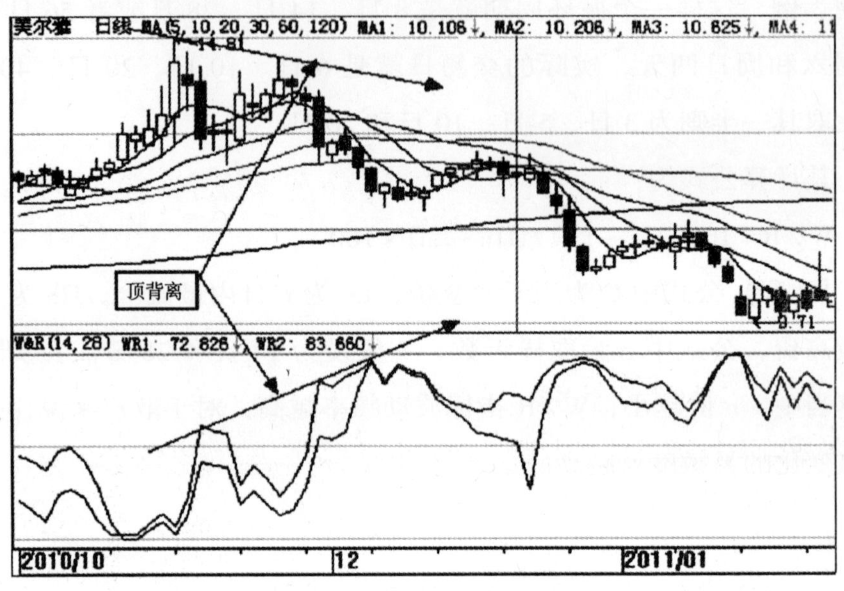

图 2-2 W%R 顶背离示意图

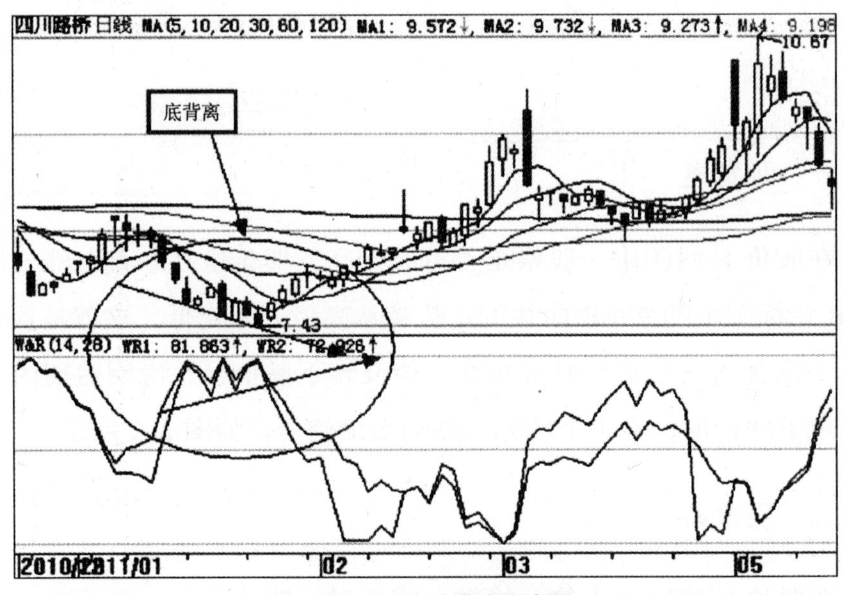

图 2-3 W%R 底背离示意图

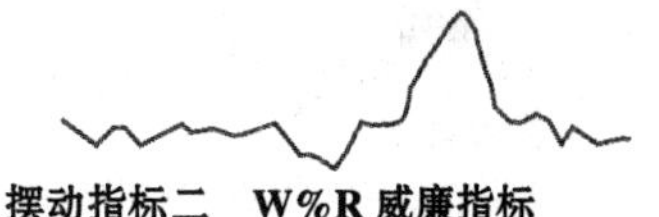

强势行情中若出现指标背离通常较为可靠，也就是股价处于高位，通常只出现一次顶背离形态就能确定行情将出现顶部反转；但是股价若处于低位，通常需要反复出现较多次底背离才能够确认行情将出现底部反转。

第三节 如何根据 W%R 指标确定买卖时点

一、W%R 14 突破 80——突破次日买入

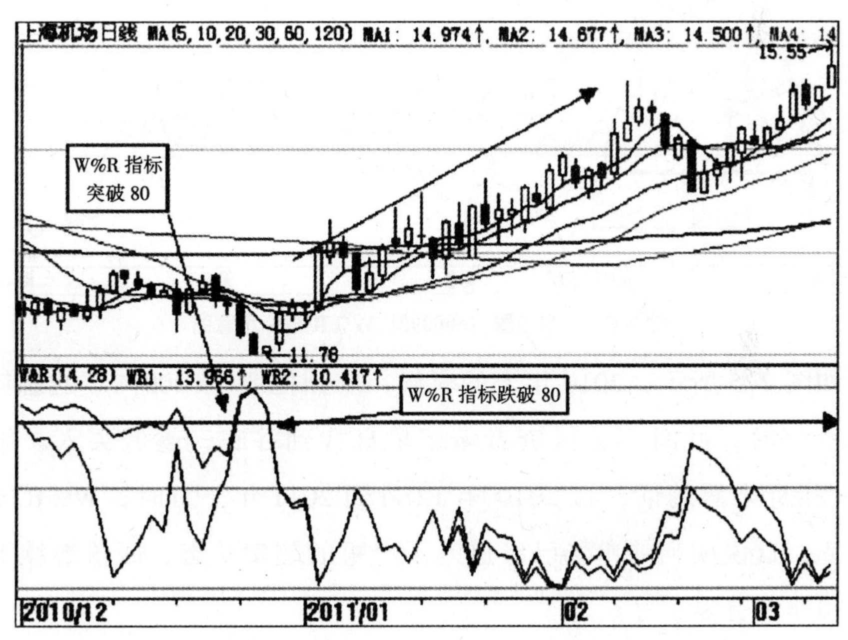

图 2-4 上海机场（600009）W%R 指标示意图

如图 2-4 所示，2010 年 12 月 27 日，上海机场（600009）的 W%R 指标 14 突破了 80 线。这代表空方力量已经走到了末端，多方力量即将复苏，市场进入了超卖状态，股价迎来反弹的机会。提示投资者需

要多加观察。

12 月 29 日，W%R 指标跌破 80，恰恰说明了多方势力的回温，此时是投资者较为可靠的买入时机。

二、W%R 14 在 80 上方连续三次触顶——向下跌破 80 时买入

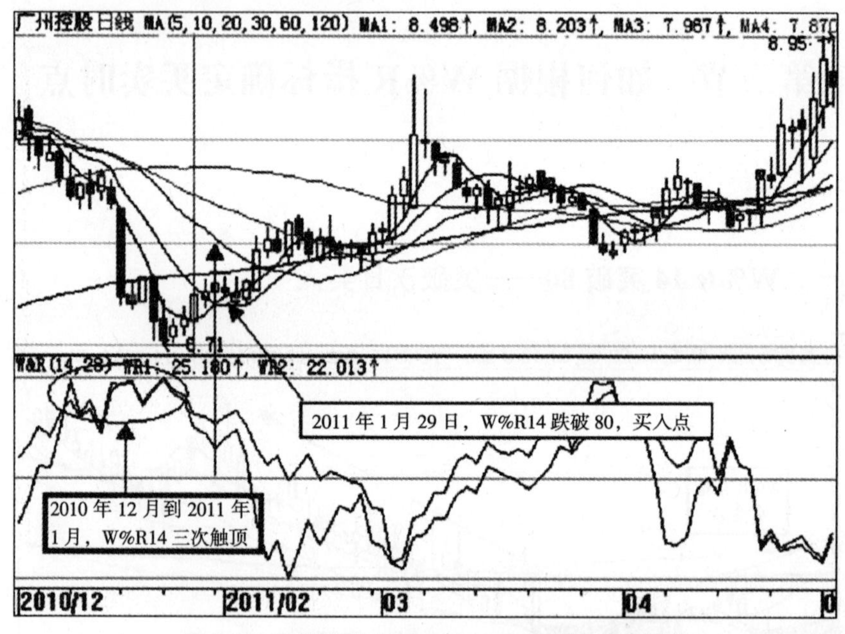

图 2-5 广州控股（600098）W%R 指标示意图

如图 2-5 所示，2010 年末的时候，广州控股（600098）的态势仍然没有好转，此时不乏投资者希望早日找到谷底，趁低买入。结合 W%R 指标来看的话，在 2010 年 12 月到 2011 年 1 月时，W%R14 三次触顶，这说明当前市场已经进入了严重的超卖状态，股价继续下跌的空间非常有限。

那么如何找到最好的买入点呢？2011 年 1 月 27 日，W%R 指标有再次反弹的趋势，但是没有达到先前的顶点便回落，此时需要投资者密切关注近几天的走势。果然，在 29 号的时候，W%R 指标向下突破了 80，这说明股市中多方力量已经进入，是比较可靠的买入信号。

三、W%R 14 突破 20 日线——突破后卖出

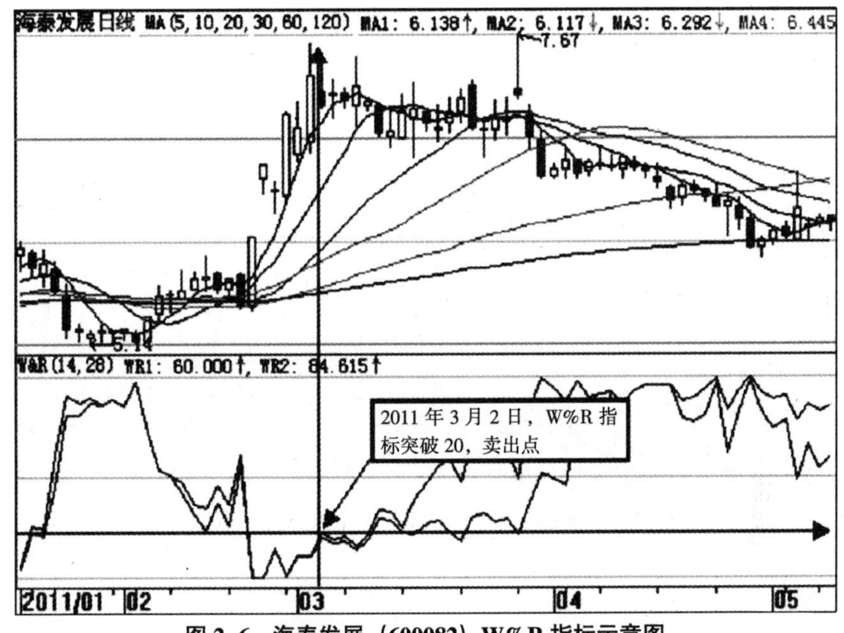

图 2-6 海泰发展（600082）W%R 指标示意图

如图 2-6 所示，2011 年 3 月 2 日，海泰发展（600082）W%R14 突破了 20 日线，这说明当前市场多方力量退出，空方力量加强，市场进入了超买状态。当看到 W%R 指标突破 20 日线时，应该及时卖出手中股票。

四、W%R 14 连续三次触底——指标突破 20 日线时卖出

如图 2-7 所示，2011 年 1 月底到 2 月初，宇通客车（600066）的 W%R 指标三次触底。这说明当前市场多方力量已经消退，空方力量加强，由上涨进入超买状态，而后 2 月 28 日的跌破 20，是标准的卖出信号。

有一点需要注意的是，这里触底的标准是在 5 以下，这样的三次触底得到的信号更加可靠。

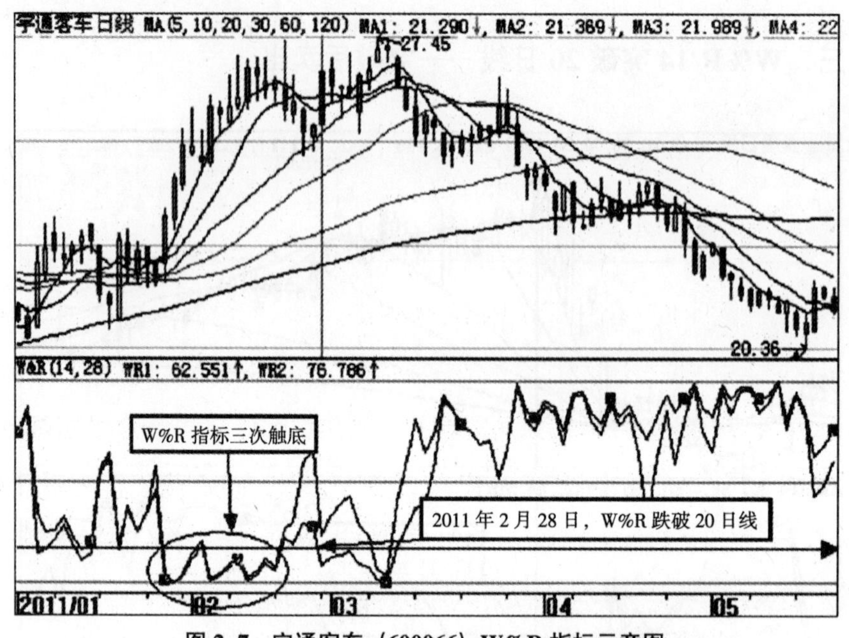

图 2-7 宇通客车（600066）W%R 指标示意图

第四节 W%R 指标的撞顶和撞底分析

W%R 指标撞顶以及撞底研判是该指标特有的分析原则。W%R 指标能够准确反映出超买超卖以及强弱变化，还可以测量出在一段时间内股价高点以及低点，能够提示准确的买卖信号，所以 W%R 指标的撞顶以及撞底研判更适用于短线投资者。

通常在 W%R 指标研判标准中，常会提到“20~0”以及“80~100”，也就是该指标的超买超卖区，但并不等于 W%R 指标曲线进入此区间之后就要进行买卖操作，要等到 W%R 曲线由高向下突破超买线也就是 20 线或者由低向上突破超卖线也就是 80 线时，才能够开始进行操作。在具体实战当中，为了提升分析预测行情的准确程度，常

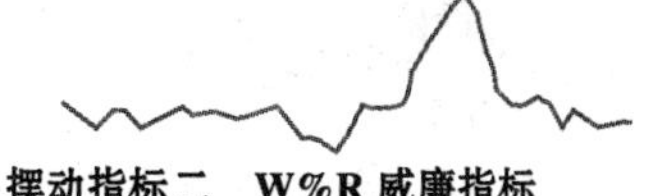

会运用并且深入运用到 W%R 指标的撞顶以及撞底分析原则。

一、撞顶

（一）指标撞顶的分析原则

W%R 指标撞顶分析原则是 W%R 曲线由低位向上突破超买区（20~0）之后，在一段时间运行时，曲线连续多次接触到指标底部也就是 0 线，那么局部会形成多重顶形态，也就构成了很好的中短线卖点。此时投资者需要仔细留意指标走势，在曲线几次撞顶完成之后开始向下跌落，并且跌破 W%R 指数的超买线也就是 20 线时，这也就预测出股价将会出现短线下跌，短线投资者应当及时卖出。

（二）指标撞顶的分析周期

W%R 指标参数在使用分析时，应当根据参数不同而选择不同分析方法。参数越大，撞顶概率越小，次数越少；参数越大，撞顶概率越大，次数越多。通常根据实战情况看来，W%R 指标研究参数分为三种有效研判参数：短期日参数、中期日参数以及周参数。这三种参数的 W%R 指标又具有各自的分析意义。

1. 短期日参数的分析

短期日参数主要是 10 日以下的 W%R 指标分析参数，如 3 日、6 日、9 日等。短期日参数的 W%R 指标通常运用于“四次撞顶”研判。以 6 日 W%R 参数为例来看，在 W%R 曲线处于超买区且四次接触到 0 线，并且局部形成了四重顶形态后，倘若股价在前期累计涨幅不少，那么在 W%R 曲线出现跌破超买线时，投资者短线离场观望为上策。

2. 中期日参数的分析

W%R 指数中期日参数大致是 20 日以下分析参数，如 12 日、14

日、20日等。中期日参数W%R指标通常运用于“两次撞顶”最多三次撞顶的研判。以14日W%R参数为例，在W%R曲线处于超买区之内两次或者三次触及0线，并且局部形成双重顶或者三重顶之后，倘若股价前期累计较多涨幅，那么W%R曲线在跌破超买线时，投资者应当短线离场保持观望。

3. 周参数的分析

W%R指标周参数是10周以下的分析参数，如3周、6周、9周等。W%R指标周参数采样应当较小，一周通常有5个交易日，所以N周参数就是5N日参数，例如，3周参数就是15日参数，若W%R指数周参数采样参数较大，那么W%R指数的信号就较为迟缓，不能有效地预示短期顶部，并且W%R曲线也可能在没有出现撞顶就掉头向下，这样的W%R指标撞顶对于市场研判也是无效的。

W%R指数周参数适合在“一次撞顶”情况中研判，例如，6周W%R参数，在W%R曲线处于超买区域内，并且触及0线之后，一直在超买区域内运行。此时投资者应当保持观望，若W%R曲线向下跌破超买线时，应当立即短线离场观望。

另外还需要投资者注意的是，短线急升的个股，若W%R指标只出现一次撞顶之后就向下跌破，就不再需要继续等待W%R指标数次撞顶原则，投资者只需要在W%R曲线向下跌破超买线时就可以立即短线卖出。

二、撞底

（一）W%R指标撞底分析原则

W%R指标撞底分析原则是W%R曲线由高位回落到指标超卖区也就是80~100后，在一段时间之内运行时，曲线数次撞到指标底部也就

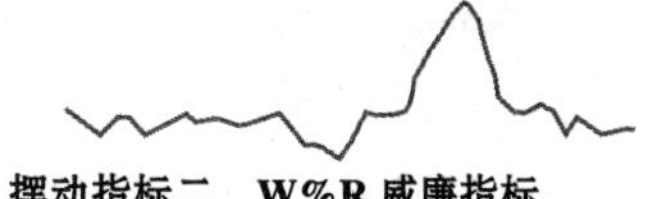

是 100 线时，就会出现局部多重底的形态，也就形成了较好的中短线的买入时机。

投资者在此时应当着重关注指标走势，若曲线在数次撞底完成之后开始向上运行，并且突破了 W%R 指标超卖线也就是 80 线时，也就表明股价可能出现短线上涨，投资者要及时进行买入操作。

（二）指标撞底的分析周期

从实战来看 W%R 指标撞顶的研究参数分为三种有效研判参数：短期日参数、中期日参数、周参数。这三种参数的 W%R 指标都具有各自的分析意义。

1. 短期日参数的分析

W%R 指标短期日参数是 10 日之下的分析参数，如 3 日、6 日、9 日等。短期日参数的 W%R 指标通常运用在“四次撞底”中研判。以 6 日 W%R 参数举例，在 W%R 曲线处于超买区域内并且四次撞到 0 线，局部形成了四重底之后，倘若股价在前期涨幅累计较大，那么 W%R 曲线在突破超卖线时，投资者应当进行买入并作反弹行情获利。

2. 期日参数的分析

W%R 指标中期日参数是 20 日之下的分析参数，如 12 日、14 日、20 日等。短期日参数 W%R 指标适合运用在“两次撞底”当中的研判。就以 14 日 W%R 参数举例，在 W%R 曲线处于超卖区域内，在两次或者三次撞及到 0 线时，局部也就形成双重底或者三重底，这时股价若在前期累计跌幅较大，那么在 W%R 曲线突破超卖线时，投资者应当进行短线买入操作。

3. 周参数的分析

W%R 指标周参数是 10 周之内的分析参数，如 3 周、6 周、9 周等。W%R 周参数撞底的参数采样不可过大，若选择参数较大，那么

W%R 指标的信号就较为迟缓，不能有效地预示短期底部买卖信号，并且若参数较大，W%R 曲线可能会在没有出现撞底就掉头向上运行，那么 W%R 指标撞底研判也就是无效的。

W%R 指标周参数适合运用在“一次撞底”中进行研判。以 6 周 W%R 参数举例，在 W%R 曲线处于超卖区域内，并且撞及 0 线后形成一个底之后，依然还在超买区域内运行，那么投资者可在此时保持观望，若 W%R 曲线向上突破超卖线，也就是投资者买入时机的到来。

第五节　W%R 指标的陷阱识别和防范

一、高位钝化陷阱

在行情上涨中，股价持续创出新高，W%R 指标却在高位不断钝化，不断撞击极限线 0 线，此时高位钝化信号多次出现，表明股票已经出现超卖状态。有的投资者在此时慌忙抛出股票，但股价依然攀升，是因为很多投资者踏空离场，并不知道自己已经进入了指标钝化陷阱里面。如图 2–8 所示。

鉴别 W%R 指标高位钝化的方法有以下三点：

（1）W%R 指标的变化很灵敏，投资者只需要注意 W%R 指标数值的变动，若在 W%R 指标处于超买区域之后再次回归正常区域，那么再综合股价走势进行操作。

（2）注意 W%R 指标的后势，若 W%R 指标长时间内处于超买区域之内，只有少出几次跌出超买区域外，但又迅速地再次回到超买区域内，那么这就表明股票行情还可能出现新高；若在跌出超买区域之外

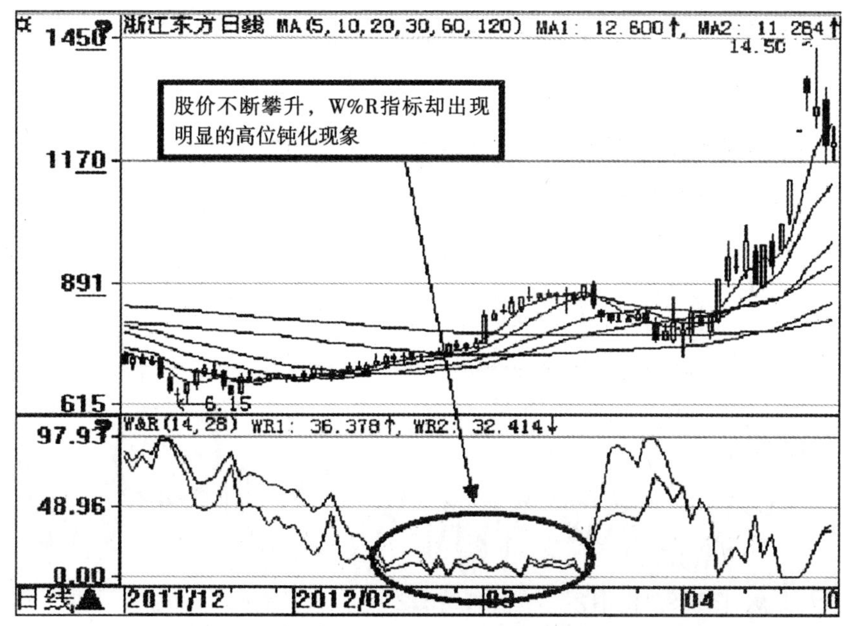

图 2-8　浙江东方（600120）W%R 指标高位钝化示意图

很长时间都没有再次回到超买区域内，这就表明股票行情将出现减弱，投资者可选择离场观望。

（3）投资者在当日线出现钝化时，可关注分时线以及周线。

二、低位钝化陷阱

在下跌行情当中，股价一路下跌，不断创出新低，W%R 指标也在低位钝化情况之下再次出现钝化，不断撞击极限线 100 线。低位钝化出现是一种买入信号，但在实际操作中，投资者在出现低位钝化时买入时，股价在小幅上涨之后迅速出现下跌，常会掉入庄家设计的陷阱当中。如图 2-9 所示。

鉴别 W%R 指标低位钝化陷阱有以下两点：

（1）在 W%R 指标处于超卖区并且又回归到正常区域时，综合行情走势再进行操作。

（2）投资者需要注意 W%R 指标的后势。若 W%R 指标长期处于超

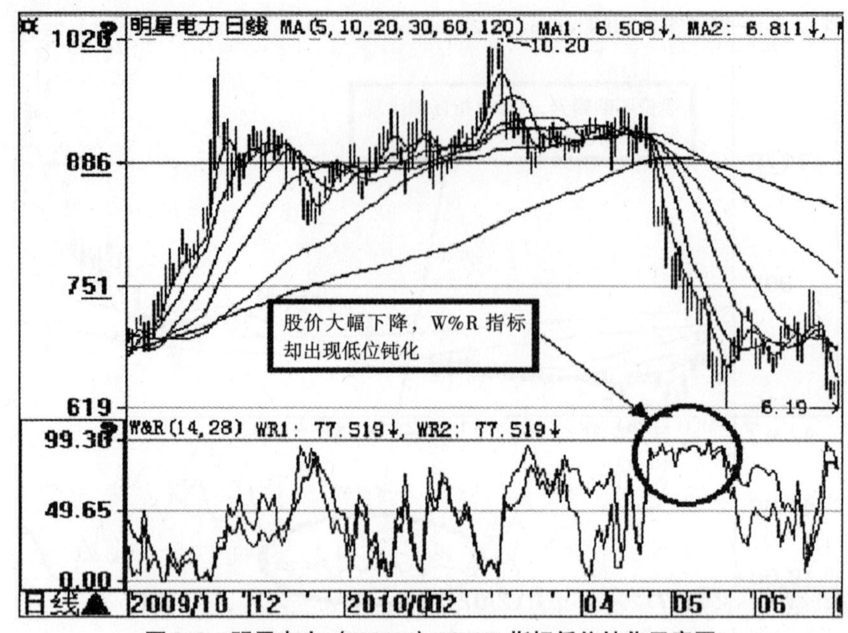

图 2-9 明星电力（600101）W%R 指标低位钝化示意图

卖区域之内，只有少数几次跌出超卖区域之外，并且迅速回归超卖区域之内，这就表明行情还会创出新低；若跌出超卖区域较长时间不能返回到超卖区之内时，也就表明行情将出现反转，投资者应当选择买入操作。

小 结

（1）W%R 的数值范围为 0~100。

（2）当 W%R 在 20~0 时，是 W%R 指标的超买区，表明市场处于超买状态，股票价格已进入顶部，可考虑卖出。W%R=20 这一横线，一般视为卖出线。

（3）当 W%R 进入 80~100 时，是 W%R 指标的超卖区，表明

市场处于超卖状态，股票价格已近底部，可考虑买入。W%R=80这一横线，一般视为买入线。

（4）当 W%R 在 20~80 时，表示市场上的多空力量较为平衡，股票价格正在进行横盘整理，散户投资者可考虑持股、持币观望。

（5）当 W%R 指标线向上运行，突破 20 超买线之后进入超买区时，表示股价处于强势拉升的情况，这时散户投资者需要结合其他指标小心研判行情的未来走势。

（6）当 W%R 向下运行，突破 80 超卖线之后进入超卖区时，表示股价的强势下跌情况已经得到缓和，这时散户投资者可以积极建仓作为准备。当 W%R 曲线再次向上突破 80 线时，投资者可放心买入。

（7）当 W%R 曲线从超卖区缓缓向上爬升直至超过 80 这条买入线时，表示之后可能出现向上突破的行情，是提示投资者可以买入的信号。

（8）当 W%R 曲线从超买区缓缓向下回落直至跌破 20 这条卖出线时，表示之后可能出现向下反转的行情，是提示投资者可以卖出的信号。

（9）当 W%R 曲线由超卖区向上突破 50 这条多空平衡线时，表示此时股价涨势较强，散户投资者可考虑短线加码买入。

（10）当 W%R 曲线由超买区向下突破 50 这条多空平衡线时，表示此时股价跌势较强，散户投资者可考虑短线加码卖出。

摆动指标三　KDJ 随机指标

在股市中之所以会出现 KDJ 随机指标，是因为投资者用移动平均线来研判行情时，移动平均线常使用收盘价来计算一段行情的涨幅，但是这种计算优势并不能够体现出这段行情的真正涨幅。KDJ 指标通常较为适用于中短期行情的研判，是比移动平均线更为敏感的技术指标，而且对于股票市场出现的短期超买超卖行情更为敏感，能够更有效地研判行情，所以 KDJ 随机指标备受投资者青睐。

第一节　KDJ 随机指标简介

一、什么是 KDJ 随机指标

随机指标的英文名字为 Stochastics，通常被简称为 KDJ。最早由乔治·蓝恩博士所提出并设计而成。随机指标在图表中有三根线，分别是 K 线、D 线、J 线。在指标计算中兼顾了周期内的最高价、最低价以及股价波动的随机振幅等因素。但通常来说随机指标能够更直观、真实地呈现出股价变动，并且该指标提示作用更为清晰、可靠。

二、KDJ 指标的构成原理

KDJ 指标是依照统计学原理而提出的。该指标以特定周期内股价变动所出现的最高价、最低价以及最后一个计算周期收盘价作为基本数据从而得出 K 值、D 值以及 J 值，在指标中的坐标形成点，连接这无数个点位也就形成了能够完整、清晰地呈现出股价波动趋势的 KDJ 指标。现今的沪深股市中，常用 9 日、9 周为特定计算周期。

KDJ 指标基本计算公式是先将成熟随机值 RSV（Row Sto-cha.tic-Value）计算出来，RSV 值再进行指数平滑分析得出 K 值、D 值以及 J 值。

随机指标是根据股价的真实波动来呈现出股价走势的强弱以及超买超卖情况。在此种情况中，大部分跟随趋势分析系统不能有效运用，但随机指标却依然能够使用。因此，随机指标尤其适用于技术性投资者，能够使其在市场趋势并不明朗或无趋势时依然获利。

三、KDJ 指标的计算方法

KDJ 指标的计算方法比较复杂。计算周期（n 日、n 周等）的 RSV 值（也就是未成熟随机指标值）是第一步，接着再计算 K 值、D 值、J 值等。

首先，以日 KDJ 数值的计算为例，其计算公式为：

n 日 RSV = (Cn − Ln) ÷ (Hn − Ln) × 100

【注释】Cn 表示第 n 日收盘价；Ln 表示 n 日内的最低价；Hn 表示 n 日内的最高价。RSV 值始终在 1~100 间波动。

其次，计算 K 值与 D 值：

当日 K 值 = 2/3 × 前一日 K 值 + 1/3 × 当日 RSV

当日 D 值 = 2/3 × 前一日 D 值 + 1/3 × 当日 K 值

如果无前一日 K 值与 D 值，那么可以分别用 50 代替。

以 9 日为周期的 KDJ 线为例。首先须计算出最近 9 日的 RSV 值，即未成熟随机值，计算公式为：

9 日 RSV =（C9 − Lg）÷（Hg − Lg）× 100

【注释】C 为第 9 日的收盘价；Lg 为 9 日内的最低价；H 为 9 日内的最高价。

K 值 = 2/3 × 前一日 K 值 + 1/3 × 当日 RSV

D 值 = 2/3 × 前一日 D 值 + 1/3 × 当日 K 值

如果无前一日 K 值与 D 值，那么可以分别用 50 代替。

J 值 = 3 × 当日 D 值 − 2 × 当日 K 值

四、KDJ 指标的技术图形

见图 3–1。

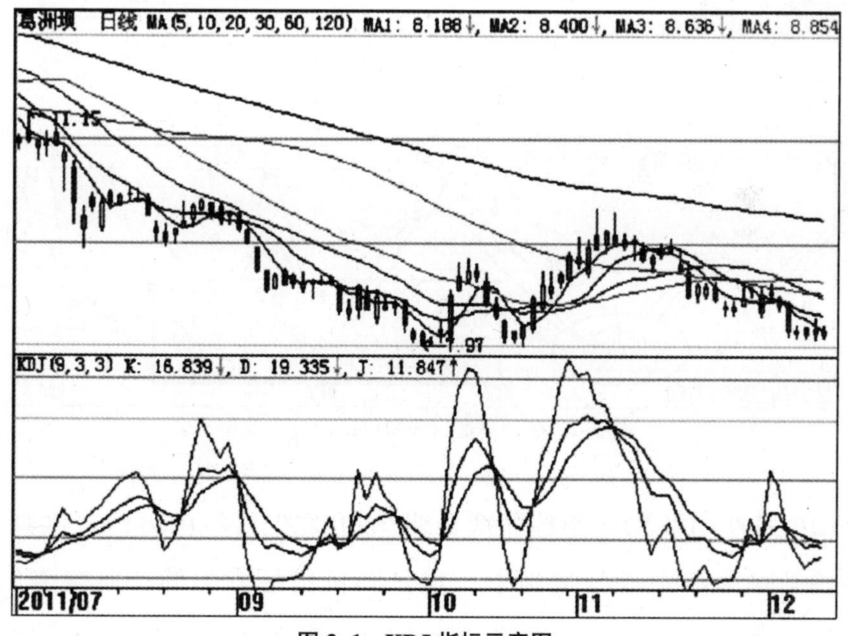

图 3–1　KDJ 指标示意图

第二节 KDJ 曲线所处的位置和运行方向

一、持股待涨信号

（1）在随机指标曲线全部向下突破 20 之后，股价可能在短期内出现反弹上涨，此时投资者应该持股待涨，如图 3-2 所示。

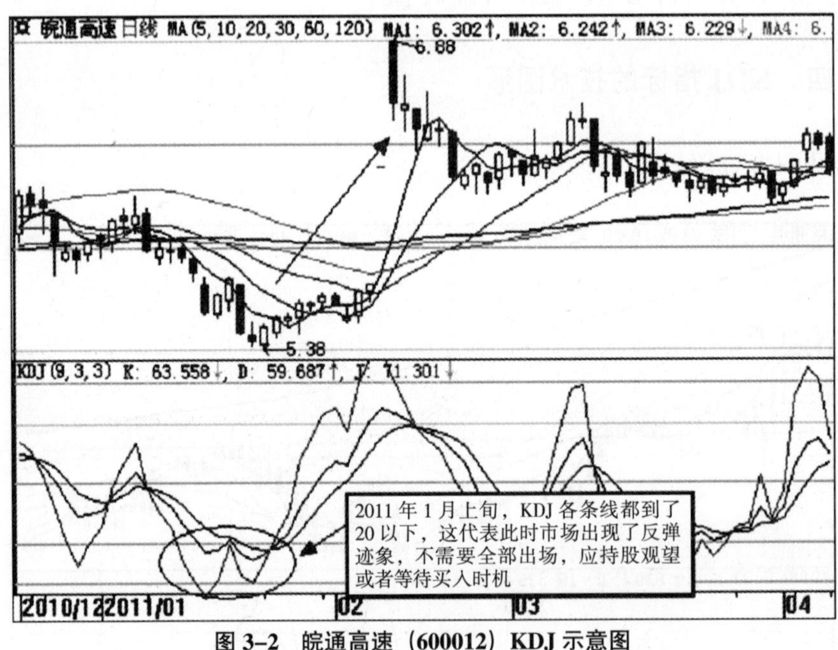

图 3-2 皖通高速（600012）KDJ 示意图

（2）另外如果 KDJ 指标曲线长期在 80 之上区域内运行，这也就表明股价行情处于上涨行情当中，也是随机指标发出的持股待涨信号，若股价在此时依靠中短期均线向上运行，那么这个持股待涨信号更为强烈，投资者在此时应当选择短线持股待涨。如图 3-3 所示。

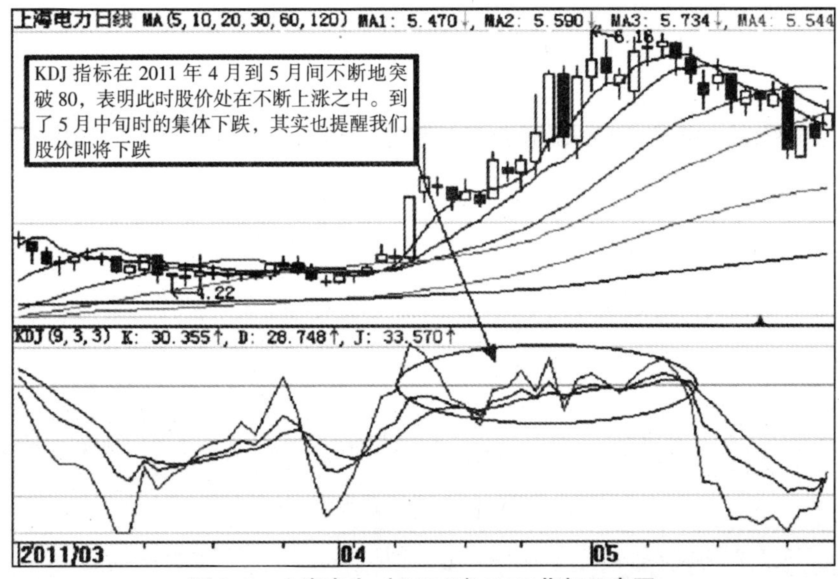

图 3-3　上海电力（600021）KDJ 指标示意图

（3）KDJ 曲线的三条曲线同时向上运行，也就是随机指标发出的持股待涨信号，表明此时股价行情处于上涨趋势当中。其中还有一个重要的特点是：若随机指标的 K 线以及 J 线不跌破 D 线，并且 D 线持续向上运行，那么投资者可一直持股待涨。如图 3-4 所示。

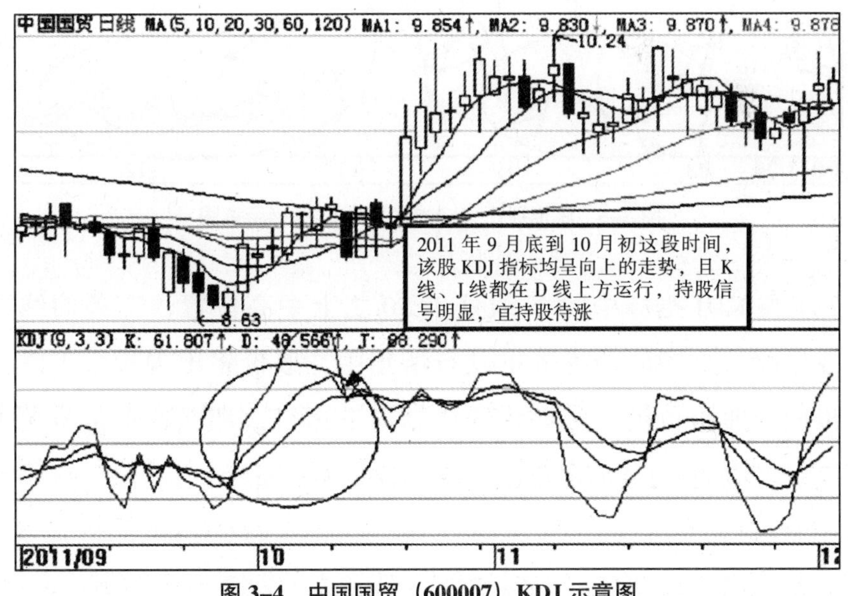

图 3-4　中国国贸（600007）KDJ 示意图

二、持币观望信号

（1）在随机指标曲线跌破 50 之后，若随机指标曲线持续在 50 区域之下运行，表明股价行情处于下跌行情，股价将出现较大下跌。这就是随机指标发出的一个持币观望信号。若股价在此时被中短期均线压制向下运行，那么这种持币观望信号更加强烈。投资者在这时应当坚持持币观望，如图 3–5 所示。

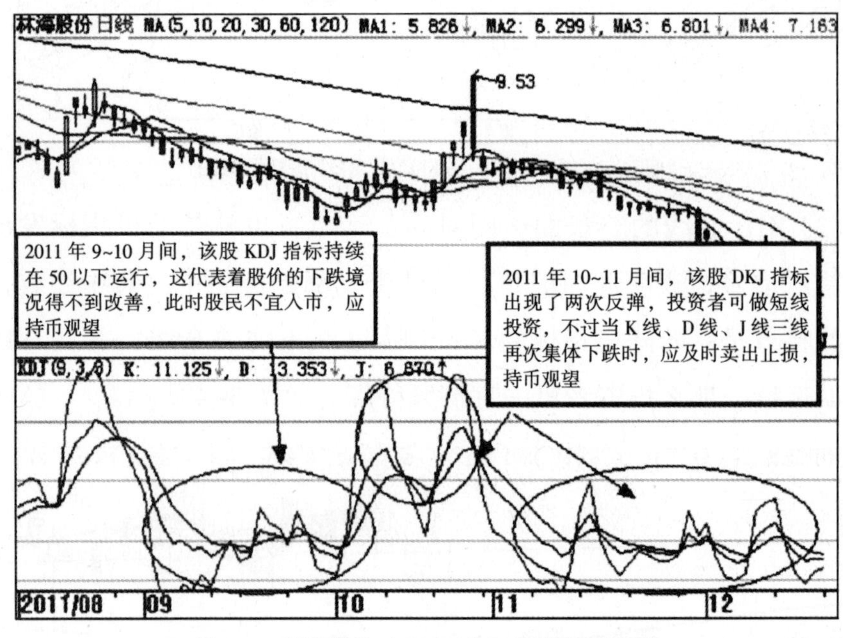

图 3–5　林海股份（600099）KDJ 指标示意图

（2）在 KDJ 指标中的 K 线处于 50 之上中高位置，三条曲线同时向下发散时，表明股价处于下跌行情当中，股价将出现较大下跌。另外如果此时股价也被中短期均线压制向下运行，那么这种信号更为强烈。投资者应当坚持持币观望态势。如图 3–6 所示。

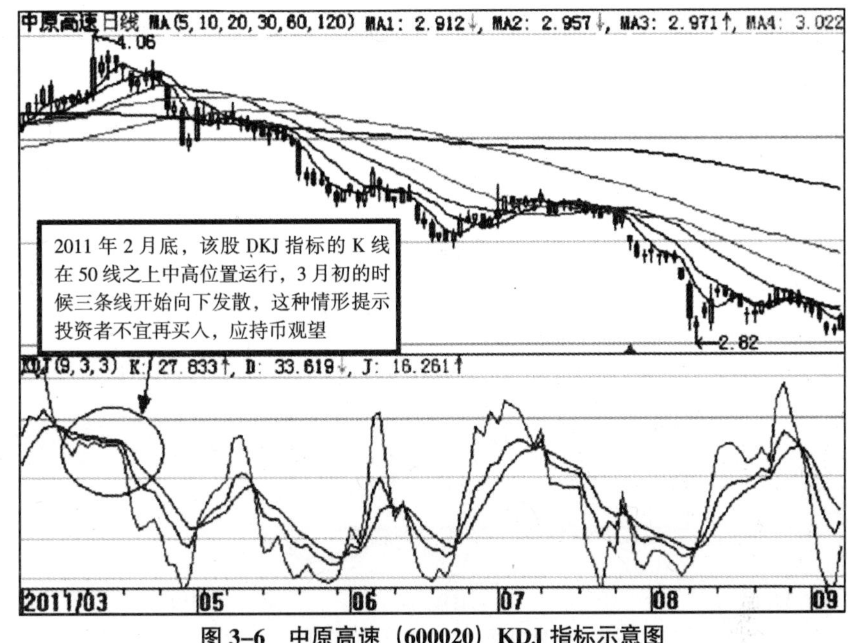

图 3-6　中原高速（600020）KDJ 指标示意图

第三节　KDJ 指标的买卖点

一、底部横盘整理后形成金叉——三线交叉时买入

如图 3-7 所示，在经过一段下跌行情之后，*ST 中葡（600084）开始底部横盘整理，这时日 KDJ 指标曲线中的 K 线、D 线以及 J 线都开始较长时间的下行。在 J 线以及 K 线经过前期下跌运行之后，慢慢开始向上运行，并且逐渐接近 D 线，这就表明股价将可能出现止跌企稳。2011 年 10 月 11 日，三线交叉，出现了指标曲线的黄金交叉，买入时机成熟。

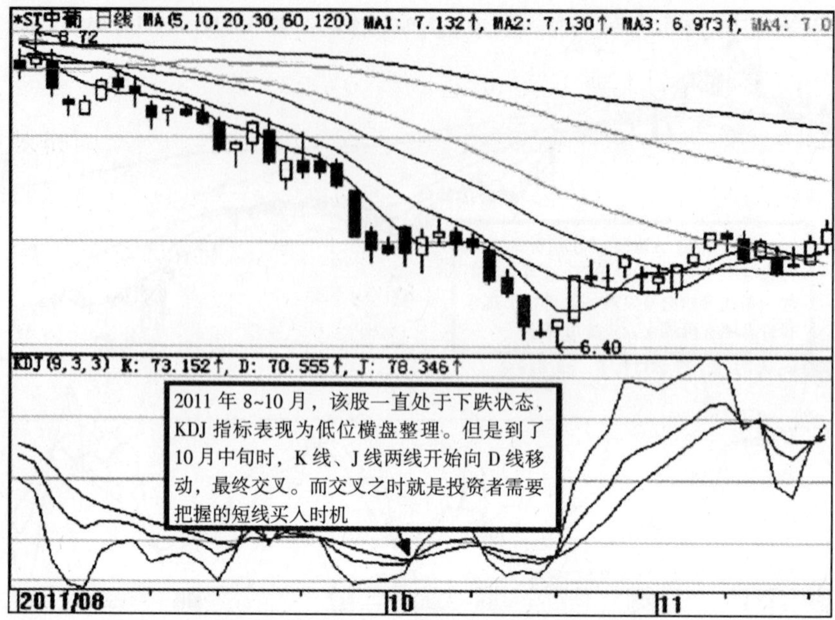

图3-7 *ST中葡（600084）KDJ指标示意图

二、金叉发生在50以下——D线突破50时买入

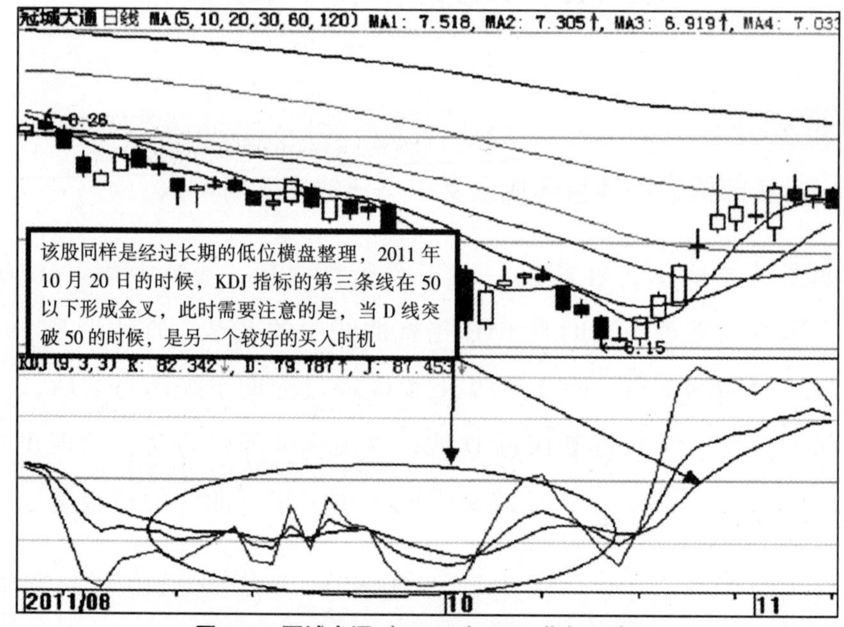

图3-8 冠城大通（600067）KDJ指标示意图

如图 3–8 所示，冠城大通（600067）同样在 2011 年 8 月到 11 月间，经历了股价的不断下跌。2011 年 10 月 20 日，KDJ 指标出现黄金交叉的位置处于 50 以下，那么在 KDJ 指标的 D 线突破 50 时也就是该指标发出的第二个买入信号。同时，如果黄金交叉以及 D 线同时突破 50 时，成交量也配合放大，这时该指标发出的买入信号更为可靠。

三、80 附近形成高位死叉——死叉日卖出

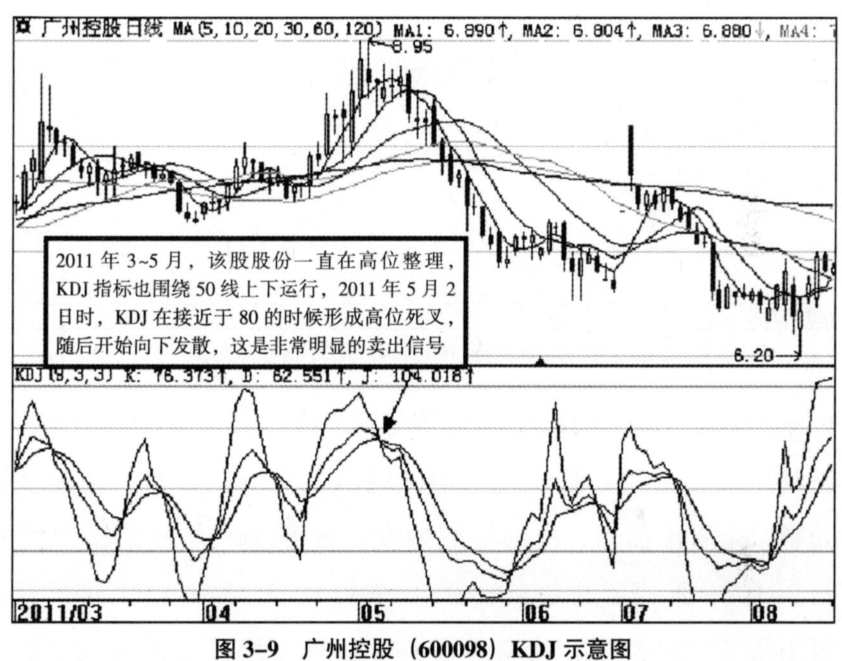

图 3–9　广州控股（600098）KDJ 示意图

如图 3–9 所示，经历一段大涨行情之后，股价将会在一定高位出现横盘整理，或股价已经开始出现高位横盘。在该股日 KDJ 曲线接近 80 时，会形成高位死亡交叉，该股价位也会随之出现下跌，这就是 KDJ 指标发出的第一个卖出信号，这时投资者若获利较多，可以选择短线适当卖出。

2011 年 5 月 2 日，广州控股（600098）正是形成了这样的高位死叉，投资者宜在死叉日卖出，及时止损。

四、50 附近的中位死亡交叉——股价跌破中长期均线时卖出

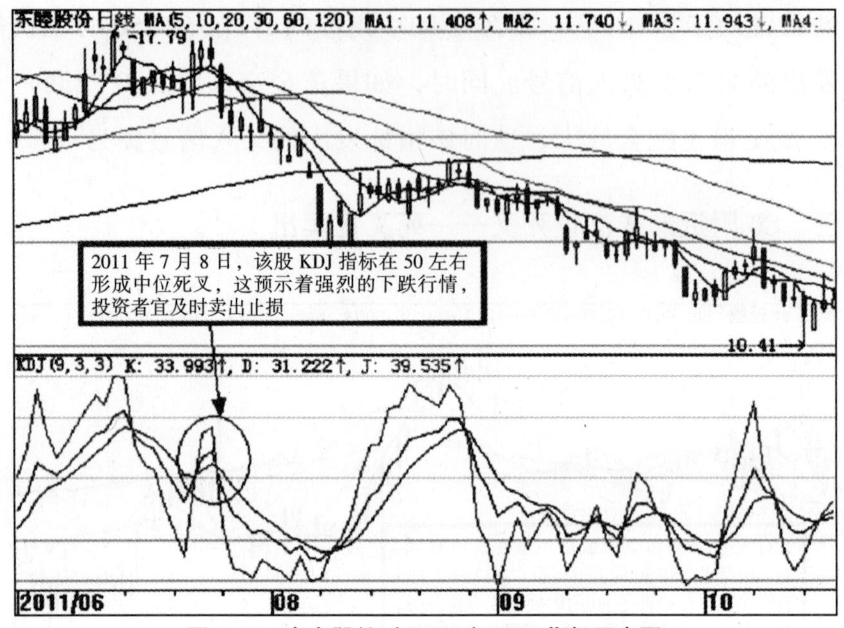

图 3-10 东奎股份（600114）KDJ 指标示意图

一般来说，在该股 KDJ 曲线接近 50 时，会形成中位死亡交叉，同时该股股价也会随之跌破中长期均线也就是 60~90 日，这是该指标发出的第二个卖出信号，此时稳健型投资者可选择清仓离场。

图 3-10 中所展示的东奎股份（600114）就是在 2011 年 7 月 8 日的时候出现了这种情况，投资者看到之后就要格外注意，或者跟其他指标配合一起观察是否应该离场。

另外，日 KDJ 指标在出现死亡交叉之后，若 K 线、D 线、J 线三条曲线同时向下发散，这就说明股价将出现强烈的下跌行情，这时投资者也应当及时清仓离场。

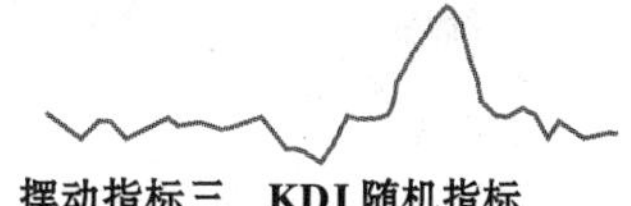

第四节　应用 KDJ 指标的注意事项

一、KDJ 的缺点

该指标较多显示超买超卖的情况，是典型的震荡指标，一旦到了单一的上涨或者下跌的行情中，容易出现判断失误的情况，因此该指标比较适用研判较为震荡的行情。

另外，在实际的买卖操作中，为了得到更准确的买卖时机，最好和其他指标配合使用，不能唯一凭借该指标的研判结果来研判进出场时机。一般来说，该指标较常与 VOL、RSI、MACD 指标搭配使用。图 3-11 即为 VOL 指标与 KDJ 指标搭配使用图。

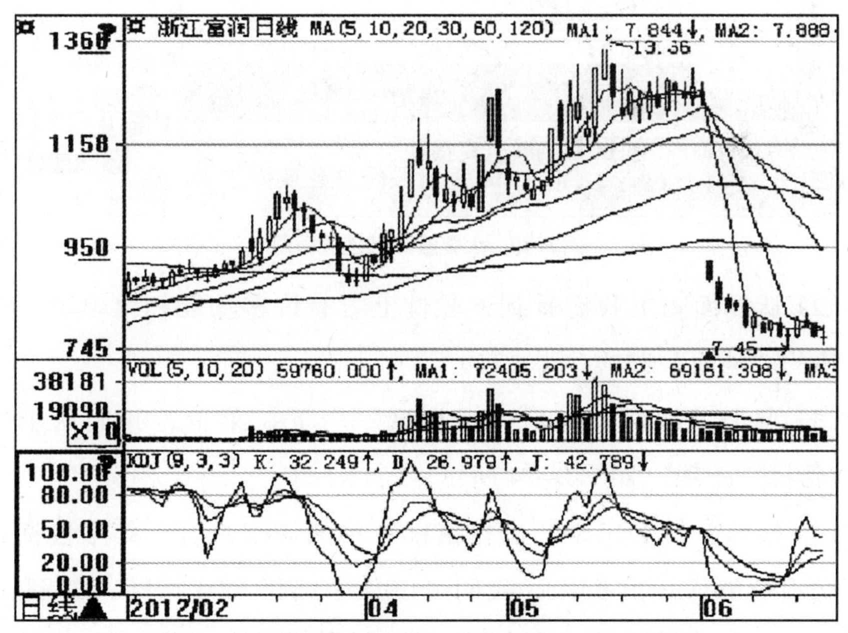

图 3-11　浙江富润（600070）VOL、KDJ 指标示意图

二、大智慧软件上 KDJ 指标参数的设定与修改

在大智慧软件中，KDJ 指标也叫经典随机指标，是比较常用的随机指标之一。本节，我们就以大智慧软件为例，介绍 KDJ 指标参数的设定与修改。

（1）打开大智慧软件，点击进入某只股票的页面，如图 3–12 所示，我们会看到该股票的 K 线图。

图 3–12 大智慧 K 线图界面图

（2）从界面图上我们看到，软件上方有许多功能和菜单键，点击右上角的“画面”选项。

（3）点击“画面”之后，会出现一个下拉菜单，我们从中选择“分析指标”一项，如图 3–14 所示。

（4）接着，就会出现“选择指标”中的详细内容，其中包括该软件中所有能够应用的指标，我们可以从中选择 KDJ 指标，如图 3–15 所示。

图 3-13　大智慧软件中“选项”示意图

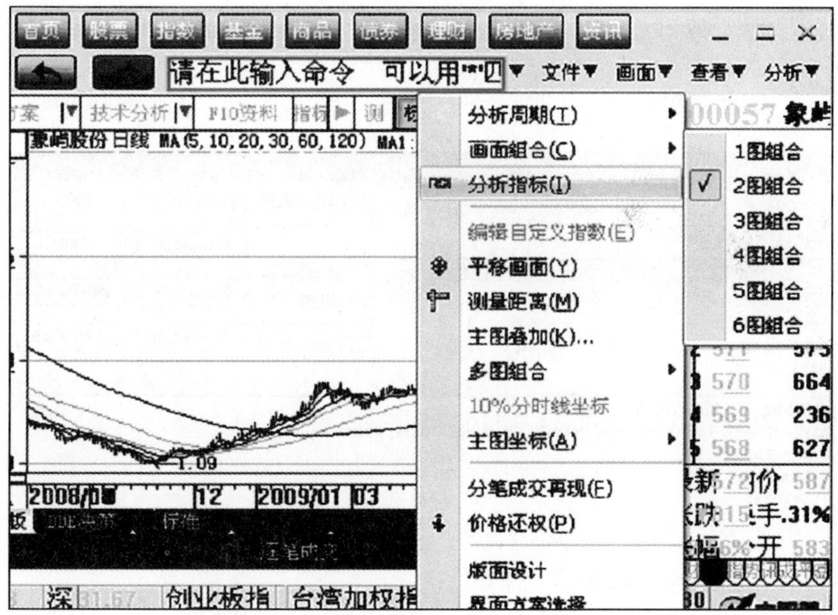

图 3-14　“画面”下拉菜单中的“分析指标”

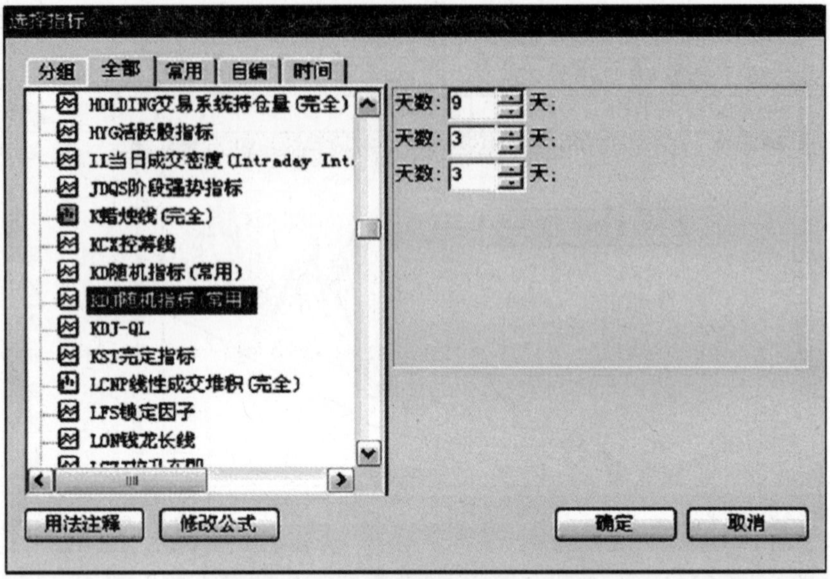

选择指标

分組 全部 常用 自编 时间

HOLDING交易系统持仓量(完全)
HYG活跃股指标
II当日成交密度(Intraday Int
JDQS阶段强势指标
K蜡烛线(完全)
KCX控筹线
KD随机指标(常用)
KDJ随机指标(常用)
KDJ-QL
KST完定指标
LCNP线性成交堆积(完全)
LFS锁定因子
LON钱龙长线

天数: 9 天;
天数: 3 天;
天数: 3 天;

用法注释 修改公式 确定 取消

图 3-15 “选择指标”选项示意图

（5）如果需要修改公式或者了解详细用法的话，我们可以点击上图左下方的“修改公式”和“用法注释”按钮，如图 3-16 和图 3-17 所示。

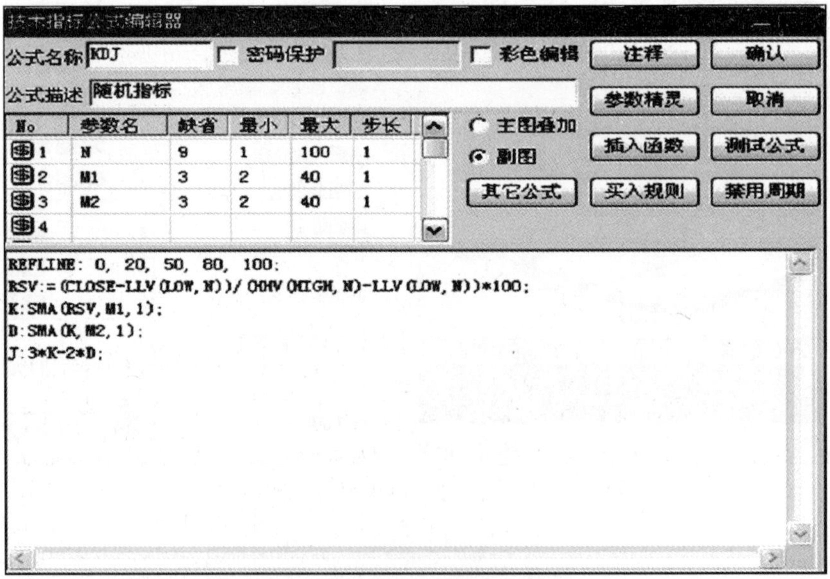

技术指标公式编辑器

公式名称 KDJ 密码保护 彩色编辑 注释 确认
公式描述 随机指标 参数精灵 取消
主图叠加 副图 插入函数 测试公式 其它公式 买入规则 禁用周期

No	参数名	缺省	最小	最大	步长
1	N	9	1	100	1
2	M1	3	2	40	1
3	M2	3	2	40	1
4					

```
REFLINE: 0, 20, 50, 80, 100;
RSV:=(CLOSE-LLV(LOW,N))/(HHV(HIGH,N)-LLV(LOW,N))*100;
K:SMA(RSV,M1,1);
D:SMA(K,M2,1);
J:3*K-2*D;
```

图 3-16 “修改公式”示意图

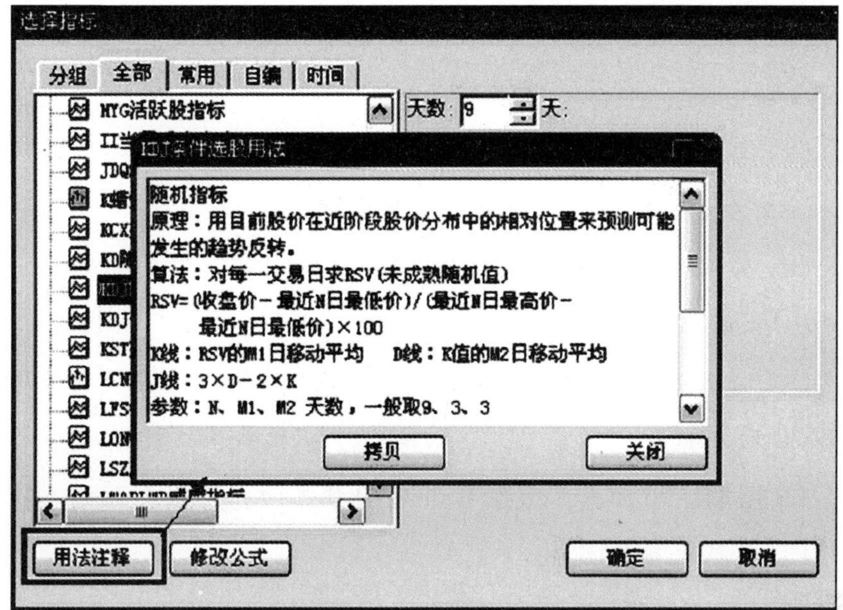

图 3–17　“用法注释”示意图

小　结

（1）KDJ 指标较多反映超买超卖的情况，属于震动指标，投资者在研判行情时，要注意结合其他的指标。

（2）运用 KDJ 指标时要注意，这一指标在强劲单边走势中有可能出现假信号。

（3）当 KDJ 指标值大于 80 时的时候，调整回档的概率很大；而当指标小于 20 的时候，转势反弹的概率较大。

（4）K 在 80 左右向下与 D 交叉时，是明显的卖出信号；而 K 在20 左右向上与 D 交叉时，则为明显的买进信号。

（5）当 KDJ 指标的信号在 50 左右波动时，它的作用不大。

（6）J 小于 0 时，股价容易反转上涨；而当 J 大于 100 时，股价易反转下跌。

（7）当 KDJ 的分析参数是 10 日以下的时候，它的研判适用周期是 3 天左右（从金叉到死叉是 3 天时间）。

（8）当 KDJ 的分析参数在 50 日以下的时候，它的研判适用周期是 10 天左右。

（9）当 KDJ 的分析参数是 50 日以上的时候，它的研判适用周期是 20 天左右。

（10）KDJ 指标在大智慧软件中的颜色为：K 线是蓝色，D 线是绿色，J 线是紫色。

摆动指标四　RSI 相对强弱指标

RSI 相对强弱指标能够直接体现出买卖双方的力量，这就解决了投资者在股市中不知双方力量的弊端，而投资者就可以根据计算出的指数来预测分析未来行情的走势。另外，RSI 指标在超买超卖行情以及 K 线图中普遍使用，使投资者在最佳时机买卖操作，是股市中广泛使用的技术指标之一。RSI 指标还可以利用买卖双方力量对比来选择潜力值较高的股票，投资者可以选择合适的股票安全获利，从而保障投资者的利益。

第一节　RSI 相对强弱指标简介

一、什么是 RSI 相对强弱指标

RSI 是相对弱势指标的简称，其英文全称为“Relative Strength IndexI”。该指标最初也是用于期货交易。不过渐渐人们发现，RSI 指标在理论和时间配合上都很适用于股票短线投资，所以继而被运用到股票涨跌测量以及分析当中。

外汇交易与期货交易和股票交易的相同之处在于：汇价涨跌的根

本在于供求关系。所以强弱指标在分析外汇行情时较为广泛使用。如今，投资者还将 RSI 指标与电脑程序相结合，使得操作者只需要在电脑中输入汇价资料，就可以获得 RSI 数值。当前路透社的图表分析以及德励财经的图表分析都依据 RSI 指标。

二、RSI 指标的构成原理

影响股票价格的因素有很多，如政治经济、股票市场内在因素等。股票市场内在因素当中，股票价格稳定的必要条件在于股票供给以及需求平衡。通常情况下，由于很多因素的影响，股票供给以及需求的本身也是不断变化的，股票价格也随着供需关系而变化。例如，在股票供大于需时，股价将出现下跌；在股票供小于需时，股票价格将出现上涨。

RSI 指标就是对比多空双方力量较量的结果，以股票价格涨跌为依据来客观地评估市场多空双方力量强弱。这是因为股票价格出现上涨时，市场需求大于供应，多方占据主动；若股票价格下跌，那么市场供应大于需求，是空方占据主动。RSI 之所以为相对强弱指标，是因为该指标表现的不仅是多空双方的力量强弱，更多的是多空双方博弈时表现出的相对强弱情况，从而判断出市场价格未来的趋势。

RSI 指标原理是根据数字计算方法来得出多空双方力量对比。比如说，在 100 人对应一件商品时，50 人有购买意向，相互抬升价格，那么商品价格必然出现上涨；若相反情况出现，那么商品价格必然出现下跌。

RSI 理论认为任何市场出现大涨或大跌都是在 0~100 变动，依据常态分配，RSI 值常在 30~70 变动，一般 RSI 值在达到 80 甚至达到 90 时，那么市场也就出现了超买情况，市场价格自然会出现调整回落；若 RSI 值在跌到 30 之下，那么就可以认定为超卖情况出现，市场价格将会出现调整上涨。

三、RSI 指标的计算方法

RSI 的计算原理就是：将 n 日内某只股票（或股价指数）收盘价格上涨的分为一类，将收盘价格下跌的分为一类，并将其分别相加，将前者的总和作为买方的总力量，把后者的总和作为卖方的总力量。

因此，相对强弱指标的计算公式如下：

ESI（n）= 100 × RS/（1 + RS）或者 RSI（n）= 100 − 100 ÷（1 + RS）

RS = 几天内收市价上涨数之和的平均值/几天内收市价下跌数之和的平均值。

下面我们以 n14 为例，计算 RSI 指标的数值。假设：该股股价第一天升 2 元，第二天跌 2 元，第三至第五天各升 3 元，第六天跌 4 元，第七天升 2 元，第八天跌 5 元，第九天跌 6 元，第十至十二天各升 1 元，第十三至十四天各跌 3 元。

那么，计算 RSI 的步骤如下：

（1）先将 14 天上升的数目相加，再除以 14：上例中上升数为 16 元，除以 14 得 1.143（精确到小数点后三位）。

（2）先将 14 天下跌的数目相加，再除以 14：上例中下跌数 23 元，除以 14 得 1.643（精确到小数点后三位）。

（3）得出相对强度 RS，即 RS = 1.143/1.643 = 0.696%（精确到小数点后三位）。

（4）1 + RS = 1 + 0.696 = 1.696。

（5）以 100 除以（1 + RS），即 100/1.696 = 58.962。

（6）RSI = 100 − 58.962 = 41.038。

最终我们得出：14 天的强弱指标 RSI 为 41.038。

四、RSI 指标的技术图形

见图 4–1。

图 4–1　RSI 指标示意图

第二节　RSI 指标的研判标准

一、RSI 数值的超买超卖

一般而言，RSI 的数值在 80 以上股价进入超买区；在 20 以下为超卖区。如图 4–2 所示。

不过，在具体的运用中，投资者还需要根据当前市场状态和趋势来细化 RSI 指标的研判标准。比如：

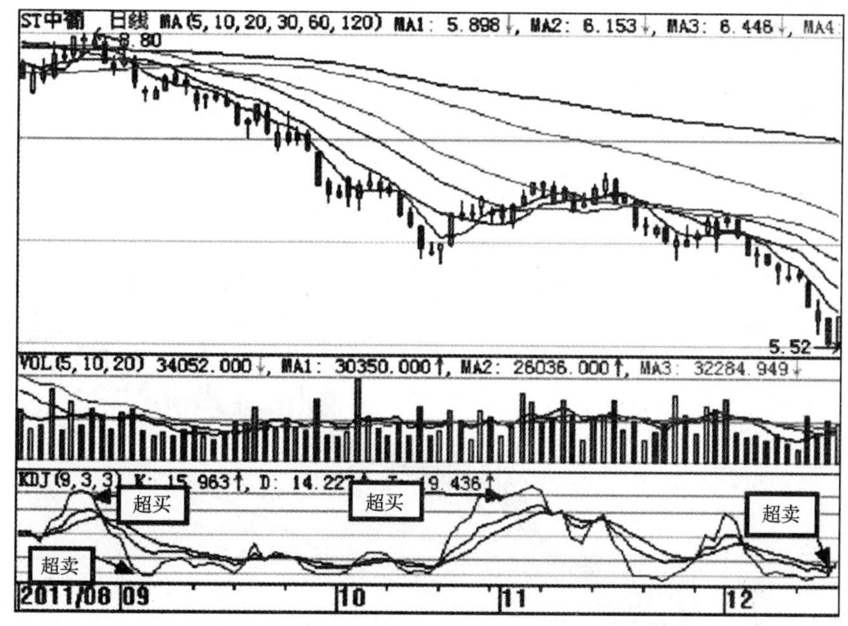

图 4-2　ST 中葡（600084）RSI 指标示意图

在牛市中，蓝筹股的相对强弱指数为大于 80 就可以被认定为超买；若是跌到 30 那么就可以认定为超卖。如图 4-3 和图 4-4 所示。

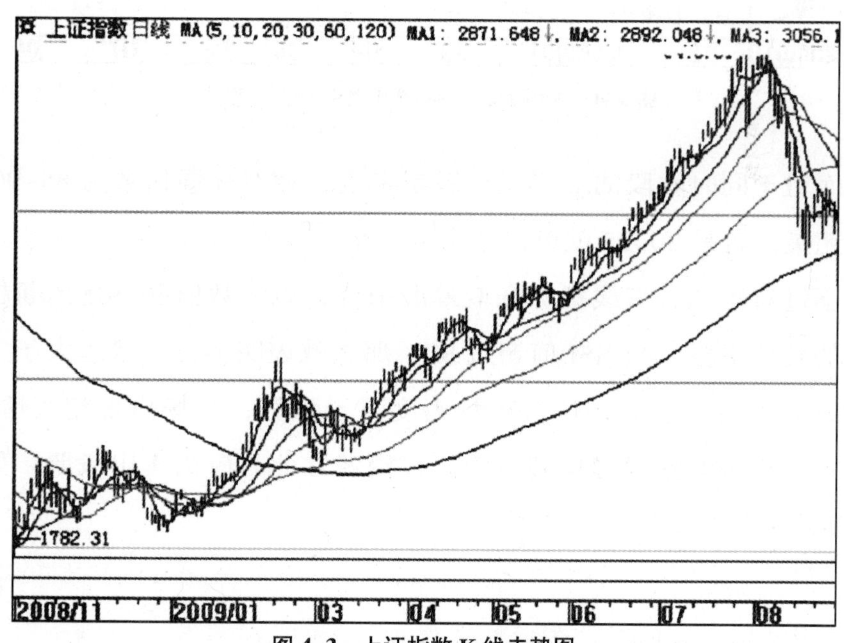

图 4-3　上证指数 K 线走势图

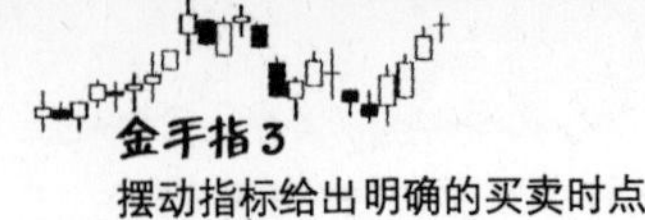

如图 4-3 所示，2008 年底到 2009 年一整年，我国股市都处于牛市状态，上证指数股价不断攀升。在这种情况下，走势良好的股票当中，相对强弱指标大于 80 就可以认为是超买，跌到 30 以下就可以认定为超卖了。

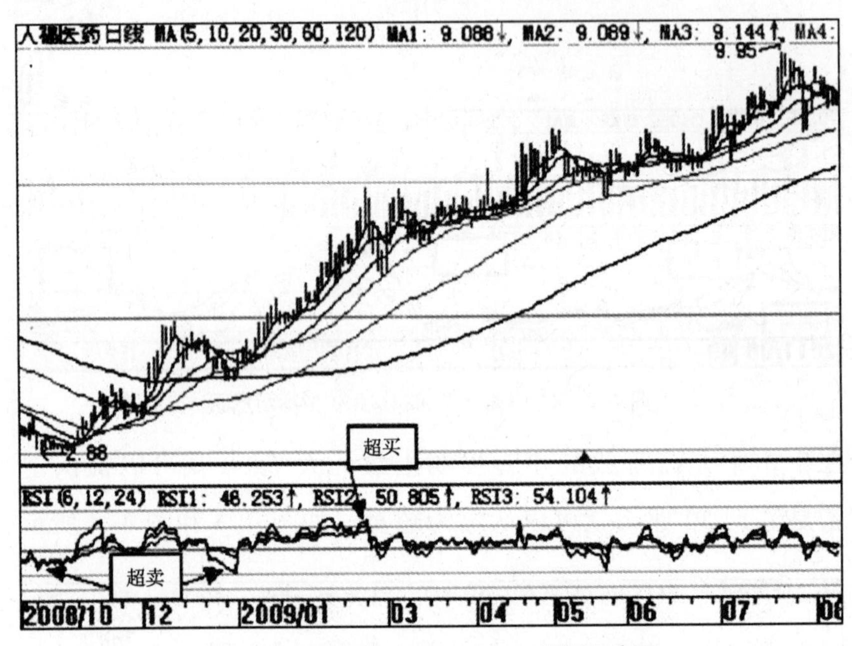

图 4-4 人福医药（600079）RSI 指标示意图

而对于同时间段的二、三线股票来说，相对强弱指数为 85~90 就属于超买，若是 20~25 就可以认定为超卖。

不过对于二、三线指标和蓝筹股来说，以上数值并不是判断超买超卖的硬性指标。当 RSI 值超过 80，那么就表明多方力量远大于空方力量，多方占据主导地位，市场力度过于强势，市场出现超买情况，后势将会出现调整或者反转行情。投资者在此时应当卖出股票。如图 4-5 所示。

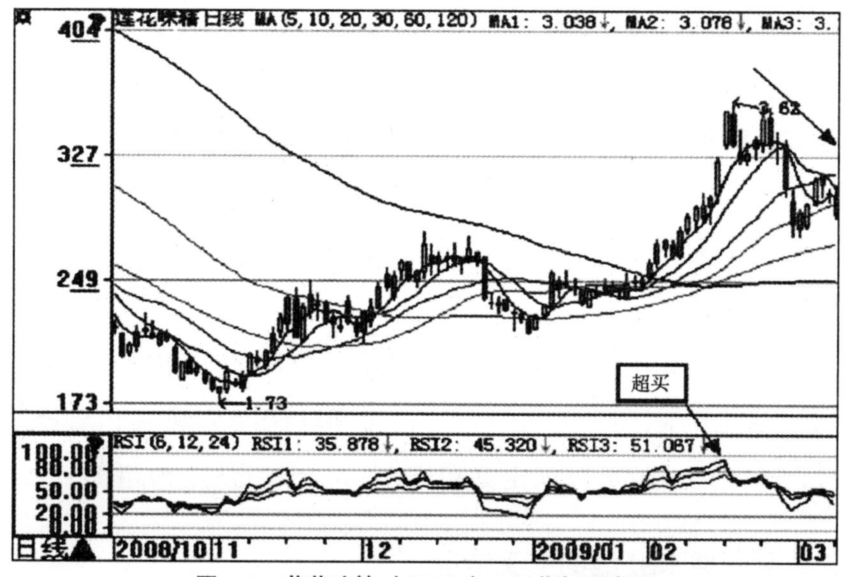

图 4-5 莲花味精（600186）RSI 指标示意图

在 RSI 值低于 20，表明空方力量远强于多方力量，空方占据主动，市场跌幅过大，已经出现超卖现象，这也就说明市场供大于求，股票价格将出现反弹或者反转行情。投资者可以轻仓或买入操作。如图 4-6 所示。

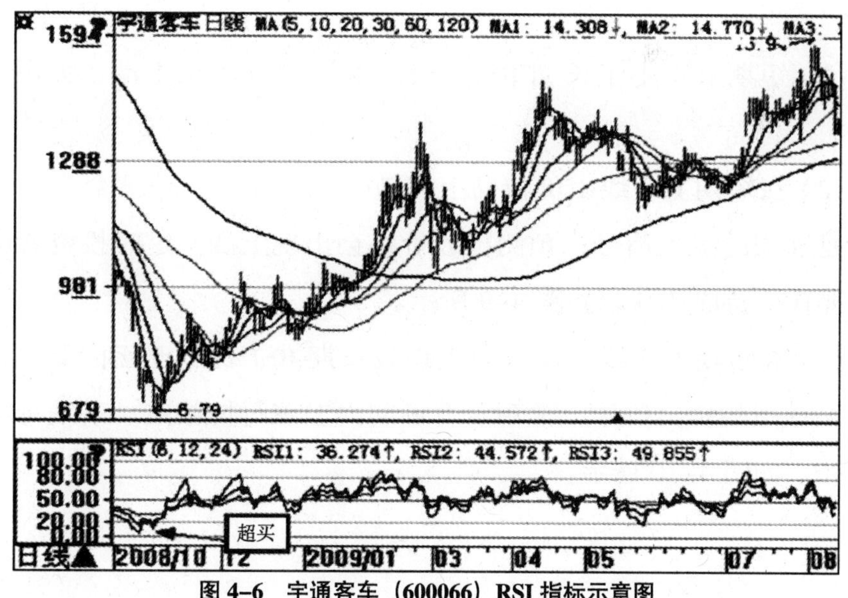

图 4-6 宇通客车（600066）RSI 指标示意图

在RSI值处于50位置时，表明多空双方力量均衡，供需关系平衡，市场处在调整时期，投资者在此时可保持观望。

总之，超买超卖的范围确定关键在于以下两个因素：第一是市场特性，在波动较小的稳定市场中，投资者可以将超买值设定为70，超卖值可以设定为30；在波动剧烈的市场中，可以将超买值设定为80，超卖值设定为20。

第二就是在RSI计算时间参数的选择，如在9日RSI中，在80之上就可以认定为超买，若是20之下就可以认定为超卖；若是24日RSI，那么70之上就可以认定为超买，30之下就认定为超卖。

二、长短期RSI线的交叉情况

长期RSI是参数较长的RSI，短期RSI就是参数较小的RSI。

例如，在6日RSI以及12日RSI中，6日RSI就是短线RSI，12日RSI是长期RSI。长期和短期RSI交叉情况在研判行情时的方法：

（1）短期RSI大于长期RSI，表明市场多方占据主动。如图4-7所示。

（2）短期RSI小于长期RSI，表明市场空方占据主动。如图4-8所示。

（3）在短期RSI线由低位向上突破长期RSI线出现黄金交叉，那么就是强烈的买入信号，预测出股价将会出现上涨，这时投资者应当买入操作，持股待涨。如图4-9所示。

（4）在短期RSI线由高位向下跌破长期RSI线出现死亡交叉，那么这是强烈的卖出信号，常预示着近期内上涨行情结束，下跌行情即将开始。如图4-10所示。

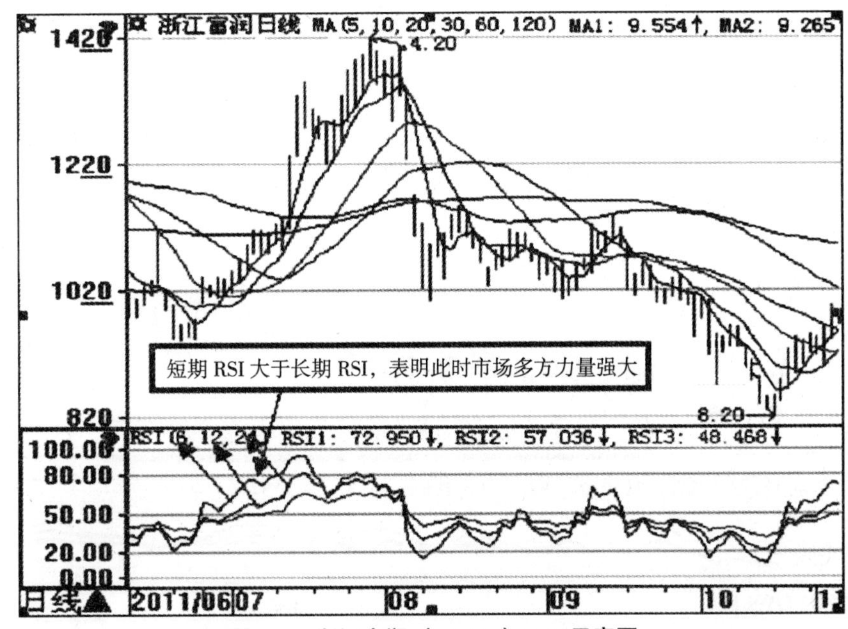

图 4-7　浙江富润（600070）RSI 示意图

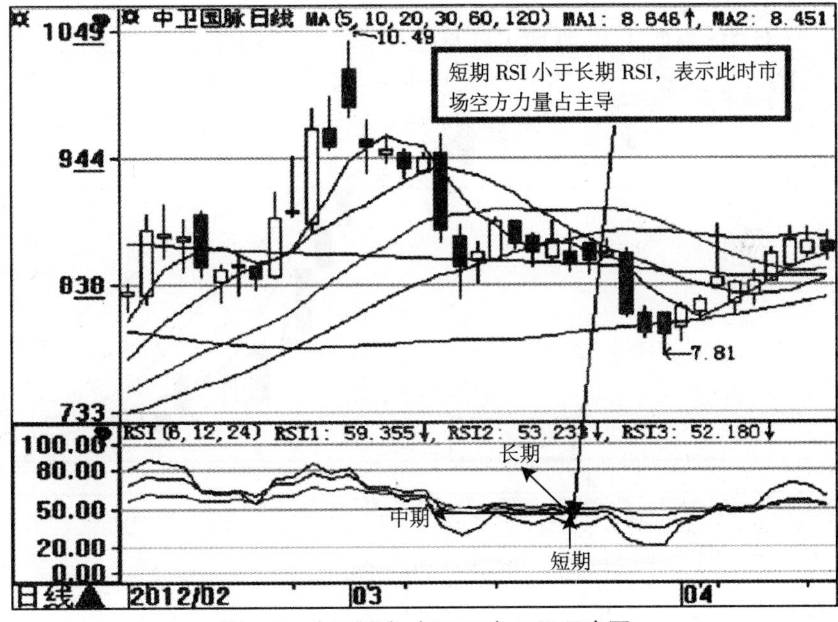

图 4-8　中卫国脉（600640）RSI 示意图

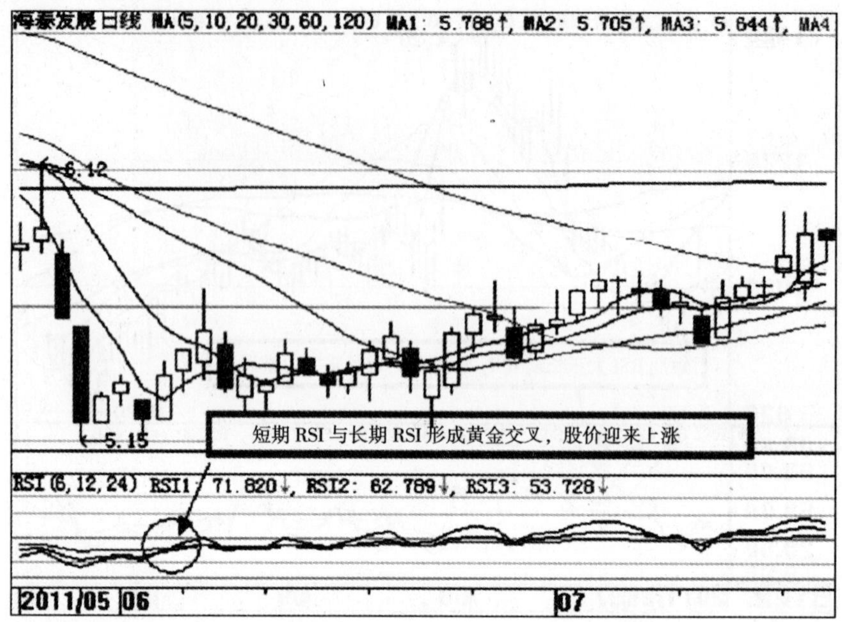

图 4–9　海泰发展（600082）RSI 指标示意图

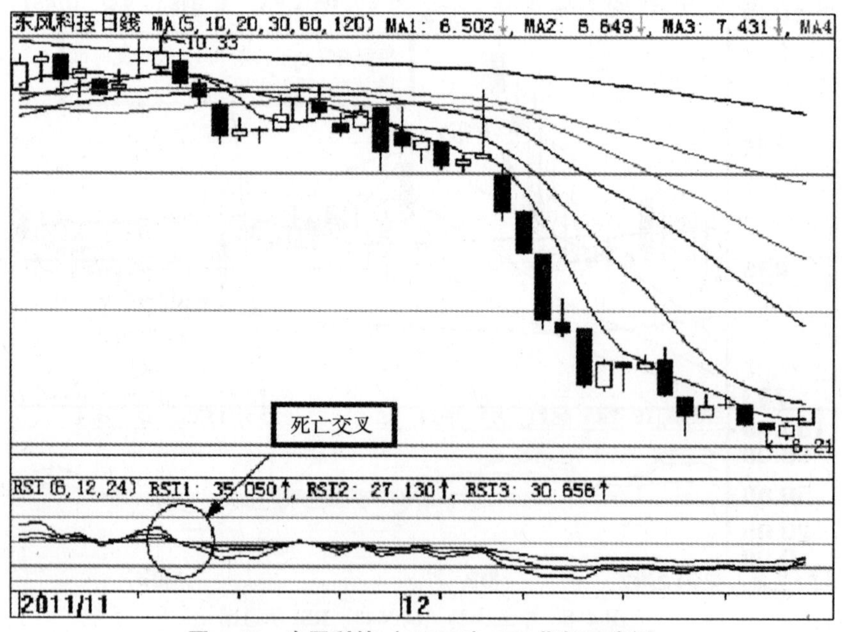

图 4–10　东风科技（600081）RSI 指标示意图

第三节　RSI 指标的买卖点

一、RSI6 跌破 20——再次突破 20 之后买入

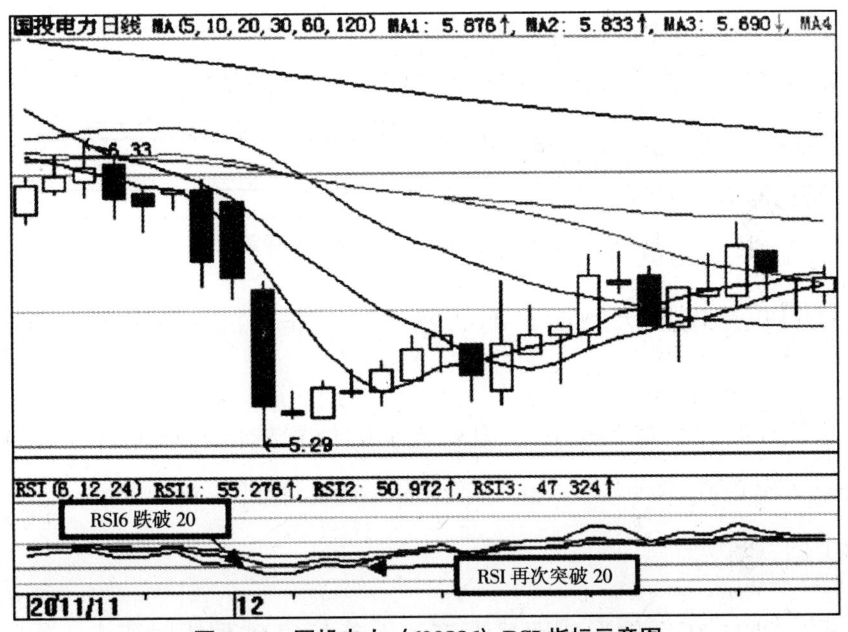

图 4-11　国投电力（600886）RSI 指标示意图

如图 4-11 所示，2011 年 11 月 29 日，国投电力（600886）的 RSI6 指标跌破 20。这代表着当前市场多方力量已经基本消失，空方力量发展到最大。这提示投资者可以适量买入，准备多方力量的回升。

二、RSI6 在与 RSI12 在低位形成金叉——金叉日买入

如图 4-12 所示，2011 年 10 月 21 日，冠城大通（600067）的 RSI6 与 RSI12 在 20 处出现金叉，这是多方力量回升的信号。此时如

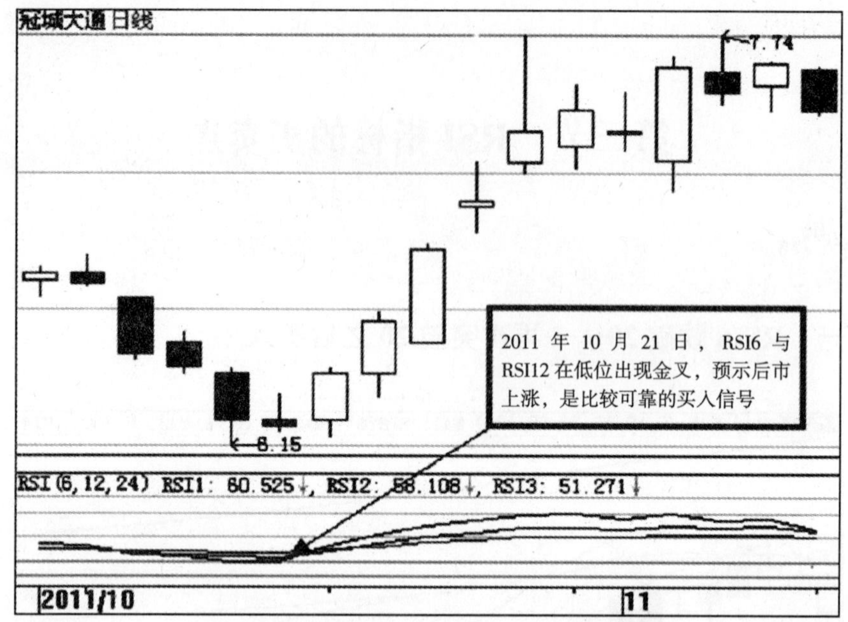

图 4-12 冠城大通（600067）RSI 指标示意图

果成交量也逐渐放大的话，那么就是一个非常准确且强烈的买入信号了。

这里需要注意的问题是，出现金叉的位置越低，该信号就越强烈。不过金叉出现在 50 以上，也不是没有后市上涨的可能，而是上涨空间比较小。

三、RSI6 在低位形成双底形态——指标突破颈线时买入

如图 4-13 所示，2011 年 8 月 4~23 日，中国联通（600050）走出了一段 W 底形态。当股价突破 W 底颈线的时候，说明空方力量已经逐渐消失，多方力量开始帮助股价回升，是非常好的买入时机。

与上个买入点不同的是，该信号只有出现在 50 以下才有效，50 以上则表示没有多大上涨空间，不宜买入。

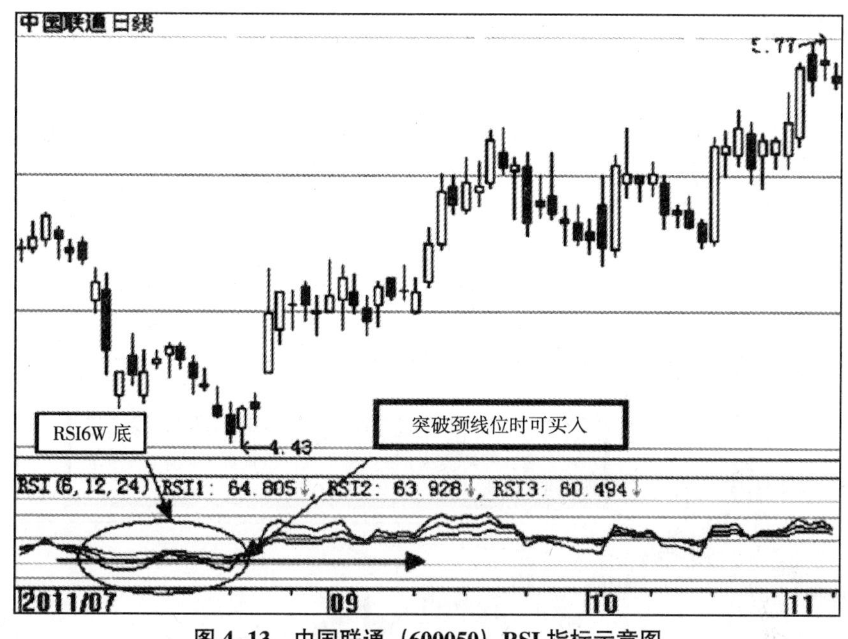

图 4-13 中国联通（600050）RSI 指标示意图

四、RSI 与股价形成底背离——股价开始回升时买入

图 4-14 首创股份（600008）RSI 指标示意图

如图 4-14 所示，2011 年 9 月 6 日到 10 月 20 日期间，首创股份（600008）的股价 K 线与 RSI 指标线走出了一段底背离的形态。这种形态说明未来该股下跌的动力越来越小，甚至已经消失。此时投资者应该盯紧股票的走势，股价一旦回升的时候则是最好的买入时机。

五、RSI6 高于 80——突破 80 之后卖出

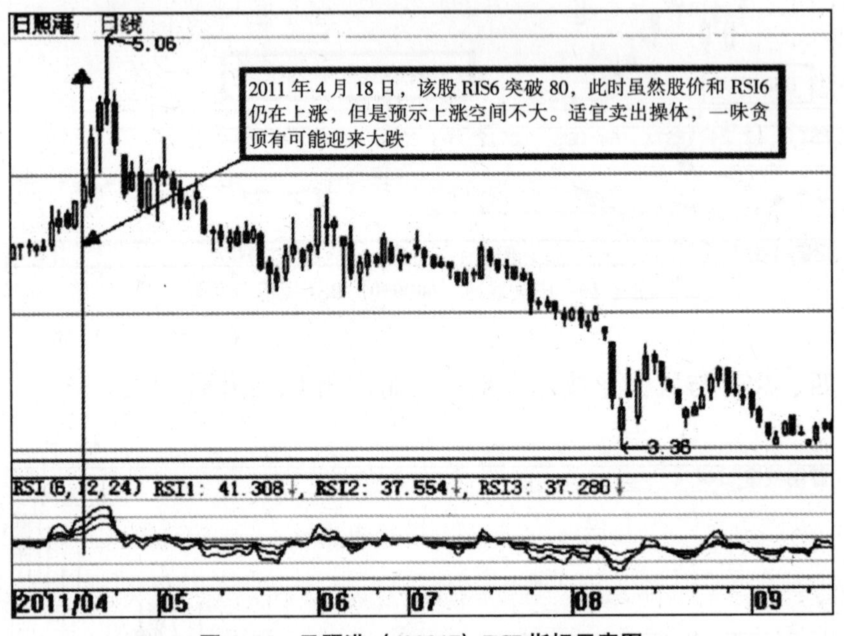

图 4-15 日照港（600017）RSI 指标示意图

如图 4-15 所示，2011 年 4 月 18 日，日照港（600017）的 RSI6 突破 80，这时投资者应该引起注意，股价未来上涨的空间已经不大，市场进入超买状态。之后的三天，该股股价上升到最高点，而后开始了逐步地下跌。

这也提醒投资者，一味地贪高，很有可能丢失了最好的卖出时机，反而损失严重。

六、RSI6 与 RSI12 在高位形成死叉——死叉日卖出

图 4-16　葛洲坝（600068）RSI 指标示意图

如图 4-16 所示，2011 年 11 月 8 日，葛洲坝（600068）RSI6 与 RSI12 在高位（一般指 50 以上）形成死亡交叉，这是一个典型的下降信号，提示投资者应该尽快卖出离场。

从图 4-16 中我们还可以看到，2 天之后，也就是 11 月 10 日，RSI6 跌破了 RSI24，这种现象则说明，这种下跌信号更加可靠，帮助投资者下定决心。

七、RSI6 在高位形成双顶形态——指标跌破颈线时卖出

如图 4-17 所示，2011 年 10 月 29 日至 12 月 2 日这段时间，哈飞股份（600038）的 RSI 指标形成了双顶状态，在这种状态下，RSI 指标回落到颈线位时，则是投资者较好的卖出时机。之后股价出现了短暂的回升，也不应该再做大的补仓动作，因为后市上涨的空间已经十

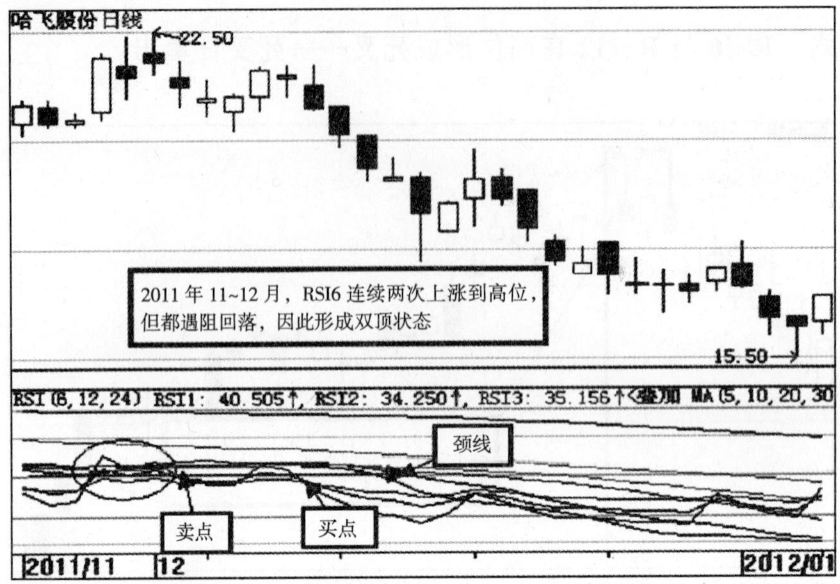

图 4-17　哈飞股份（600038）RSI 指标示意图

分有限了，当股价再次跌破颈线位时，就是投资者需要注意的第二个卖出点。

八、RSI6 与股价形成顶背离——股价开始回落时卖出

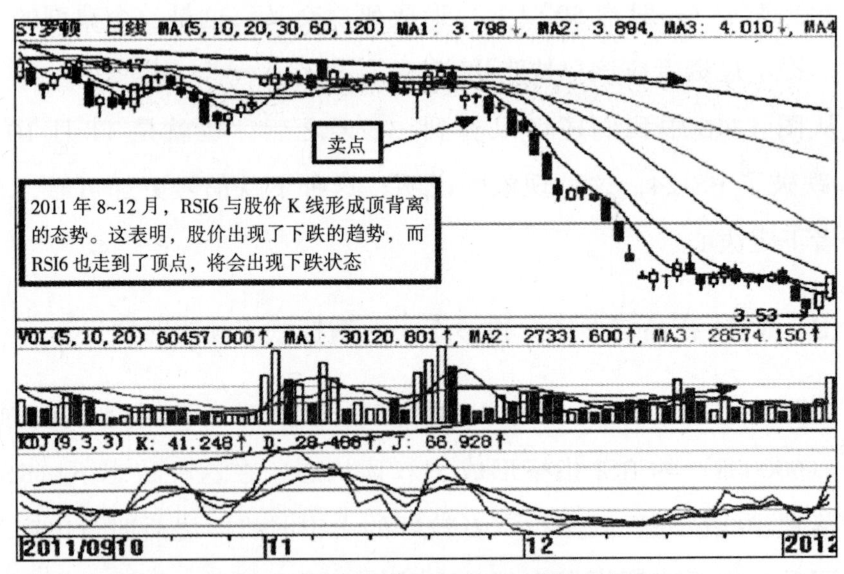

图 4-18　ST 罗顿（600209）RSI 指标示意图

如图 4-18 所示，2011 年 8~12 月，ST 罗顿（600209）的股价 K 线和 RSI6 走出了一段顶背离的态势，这可以看作是该股未来下跌的预示。当 RSI6 再次到达高点且再次下跌回落的时候，也就是投资者比较可靠的卖点之一了。

小　结

（1）白色的短期 RSI 值在 20 以下，由下向上交叉黄色的长期 RSI 值时，为买入信号。

（2）白色的短期 RSI 值在 80 以上，由上向下交叉黄色的长期 RSI 值时，为卖出信号。

（3）短期 RSI 值由上向下突破 50，表明股价已经转弱；短期 RSI 值由下向上突破 50，表明股价已经转强。

（4）当 RSI 值高于 80 进入超买区，股价随时可能形成短期回档；当 RSI 值低于 20 时进入超卖区，股价随时可能形成短期反弹。

（5）股价一波比一波高，而 RSI 线一波比一波低，形成顶背离，行情可能反转下跌。此时用 RSI 判定底部图形较不明显。

（6）将 RSI 线的两个连续低点 A、B 连成一条直线，当 RSI 线向下跌破这条线时，为卖出信号。

（7）将 RSI 线的两个连续峰顶 C、D 连成一条直线，当 RSI 线向上突破这条线时，为买入信号。

（8）RSI 的值永远在 1~100，它把四种价格变动的因素都考虑在内，包括上涨的天数、下降的天数、上涨的幅度以及下跌的幅度。因此，研判出的结果可信度非常高。

（9）在某只股票的整理期，RSI一底比一底高，表明多头气势很强，后市上涨的可能性较大，适宜买入；而RSI一底比一底低，则表明空头势力越来越强，后市涨幅缩小，甚至下跌，宜适时卖出。

（10）价格走出新高，如果3天内RSI仍没突破前高点，甚至出现背离状况，则表明多头拉升无力，适宜卖出。

摆动指标五　SAR 抛物线指标

在股市中，投资者较为苦恼的问题之一就是如何止损，如何能够在变幻莫测的股市中，根据不同的股票设定出不同的止损位呢？SAR指标的出现以及应用，对解决这个问题有特殊的意义。SAR 抛物线指标是一种比较简单、准确、实用的中短期行情分析技术工具。SAR 抛物线指标也就是投资者先设置一个止损价位，并且根据不同行情而调整这个止损价位，这样能够使得投资者有效地控制住投资风险，又不会因为设置止损位过高而错失获利良机。另外投资者还可以利用 SAR抛物线指标的特点，来进行反向做空操作，使得投资者在股票市场中获利能够达到最大化。

第一节　SAR 抛物线指标简介

一、什么是 SAR 抛物线指标

SAR 是止损转向操作点指标的简称，英文名称为“Stop and ReVere”，缩写为 SAR，一般称为抛物线指标。该指标是由美国技术分析大师威尔斯·威尔德所创造出来的。

其特点为简单易学、较为准确，是简单实用的中短期技术分析工具。很多投资者沉迷于复杂深奥的技术分析，相较于简单易学的技术分析并不重视，其实这是一种误解。SAR 指标是一种攻防皆备的技术指标，同时较为准确又简单易学。因此，该指标特别适用于初入市场的中小投资者。

二、SAR 指标的构造原理

SAR 指标是针对投资者盲目选股而设计的技术指标之一，对止损点进行及时调整，以此来防止投资者损失利益。

它以抛物线为运行方式，跟随着股价变化而变化。其研判方法也比较简单，当股价上升时，我们可以设置出一个止损价格，股价一旦跌落并且跌破这个价格位置时，立即坚决地将股票抛出。

其中止损点的设置应当符合以下两个基本要求：

（1）随着股价上升，每天的止损点应当相对上升。根据每天情况的不同，重新计算止损点。

（2）止损点在跌破之后，股价将会持续下跌，并且不会在短期内回升。根据这种情况，止损点应当在较低位置设置较为妥当，在操作中抛出股票的价格就会较低。

三、SAR 指标的计算公式

SAR 的计算原理为：针对每个周期不断变化的 SAR 的止损价位进行计算。在计算 SAR 之前，先要选定一段周期，比如 n 日或 n 周等，n 日或 n 周的参数一般为 4 日或 4 周。SAR 的计算式分为上升式与下降式，即：

上升式：$SAR(n)=SAR(n-1)+AF[H(n-1)-SAR(n-1)]$

下降式：$SAR(n)=SAR(n-1)+AF[L(n-1)-SAR(n-1)]$

（一次计算 SAR 值时，须由近期的明显高低点起的第 n 天开始）

【注释】

SAR（n－1）表示前一日 SAR 值，其上升式初始值以近期最低价为准，其下降式初始值以近期最高价为准。

H 为当前最高价。

L 为当前最低价。

AF—威尔特加速因子，基值为 0.02，当价格每创新高（上升式）或新低（下降式）时，按 1，2，3……倍数增加到 0.2 为止，即 AF=0.02~0.2。

SAR 指标的计算方法和过程比较烦琐，对于投资者来说只要掌握其演算过程和原理即可。

四、SAR 指标的技术图形

见图 5-1。

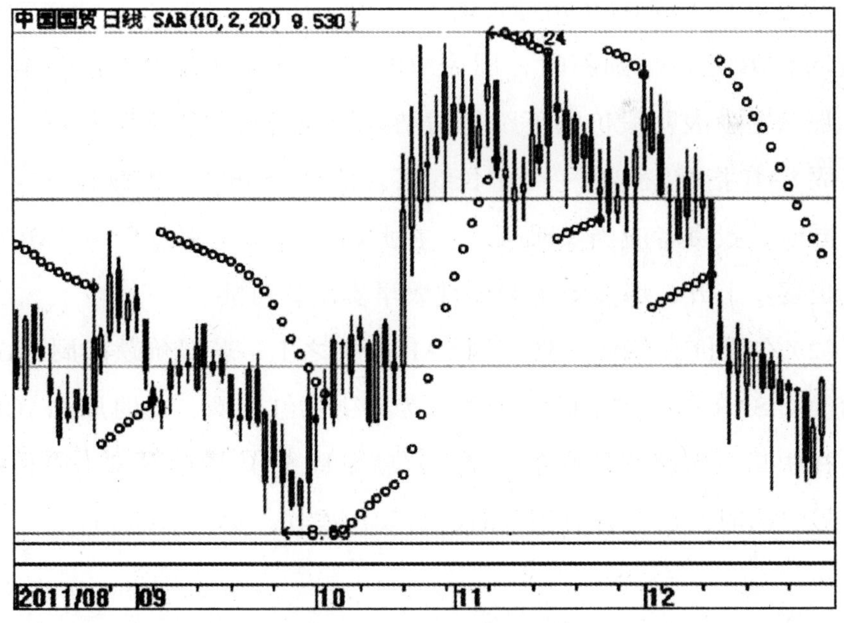

图 5-1　SAR 指标示意图

第二节 SAR 指标解读涨跌秘诀

SAR 指标构造简单，研判方法也较为简明清晰，对于一般投资者来说是很好的分析工具。实战中投资者可以充分发挥 SAR 止损点卖出功能，这对中线平仓获利是很好的工具。

由于底部或者股价上涨开始时期介入，中线介入投资者在选择卖出时机时是较为困难的，因而 SAR 指标能够很好地帮助这些投资者。SAR 指标卖出信号是止盈点或者是止损点。

一、买卖信号

(1) SAR 操作原则很简单，在股市处于长时间下跌行情之后，股价 K 线逐渐接近周 SAR 指标长期下压的红圆圈。若股价 K 线放量向上突破周 SAR 指标红圆圈时，周 MACD 指标也在 0 线附近出现金叉形态，那么这就表明股价的下跌行情结束，股价将出现上涨行情，这也就是周 SAR 指标发出的一个中长线买入信号。如图 5-2 所示。

同时，投资者应当及时买入。在此时，股价上涨过程中 SAR 的止损点也逐步上升，那么就不会出现太早卖出的可能。

(2) 在股价 K 线运行处于周 SAR 指标之上，若股价跌破周 SAR 指标而使周 SAR 曲线向上的红圆圈成为向下的红圆圈，此时周 MACD 指标也在中高位出现死叉形态，那么这就是周 SAR 指标在发出中长线卖出信号。这时的投资者应当及时进行卖出操作。如图 5-3 所示。

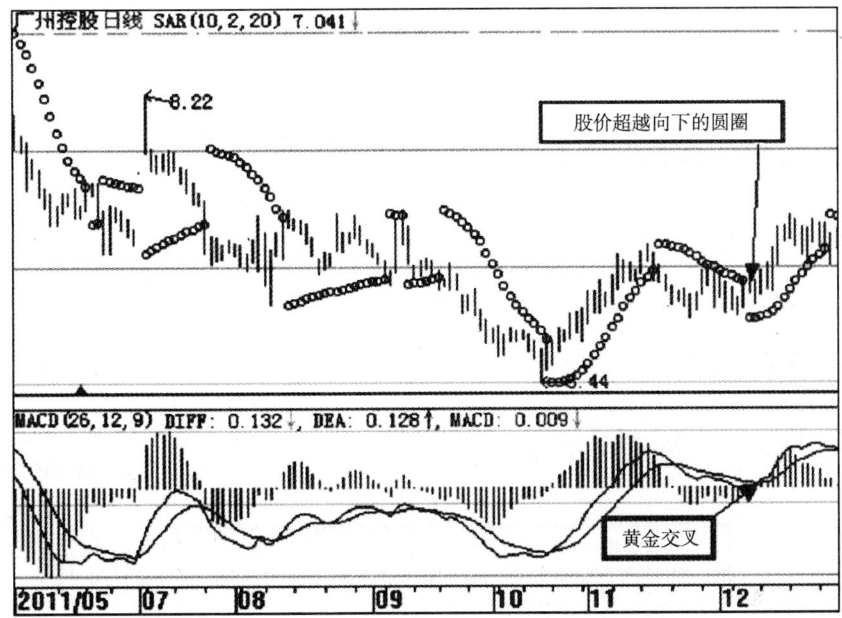

图 5-2　广州控股（600098）SAR 指标示意图

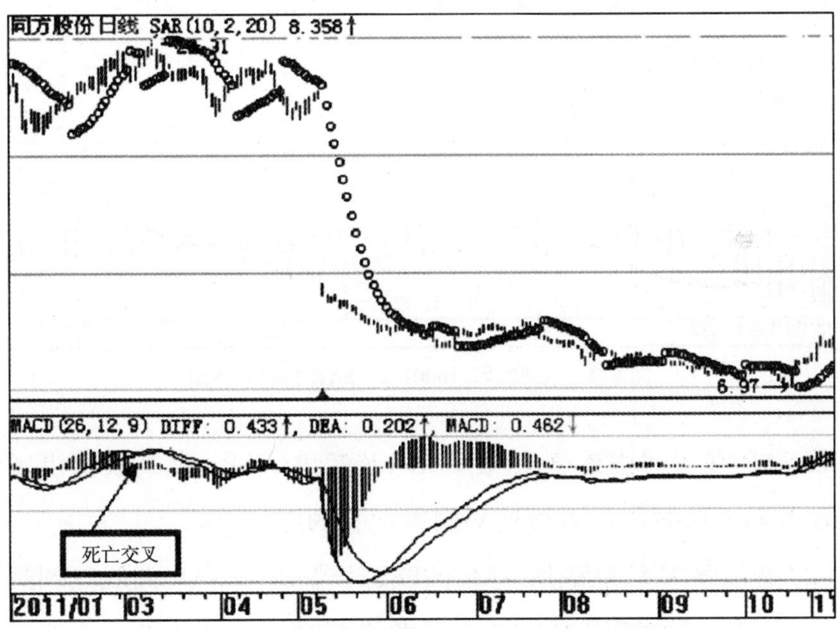

图 5-3　同方股份（600100）SAR 指标示意图

二、持股持币信号

（1）SAR 指标还能够很好地帮助投资者判断股价走势。在股价 K 线一直依靠周 SAR 曲线红圆圈上行时，周 MACD 指标中 MACD 曲线以及 DIF 曲线运行方向也为上行，这也就表明股价将持续上涨，是周 SAR 指标发出的一个中线持股信号，若红圆圈并未消失，投资者可持续持股待涨。如图 5-4 所示。

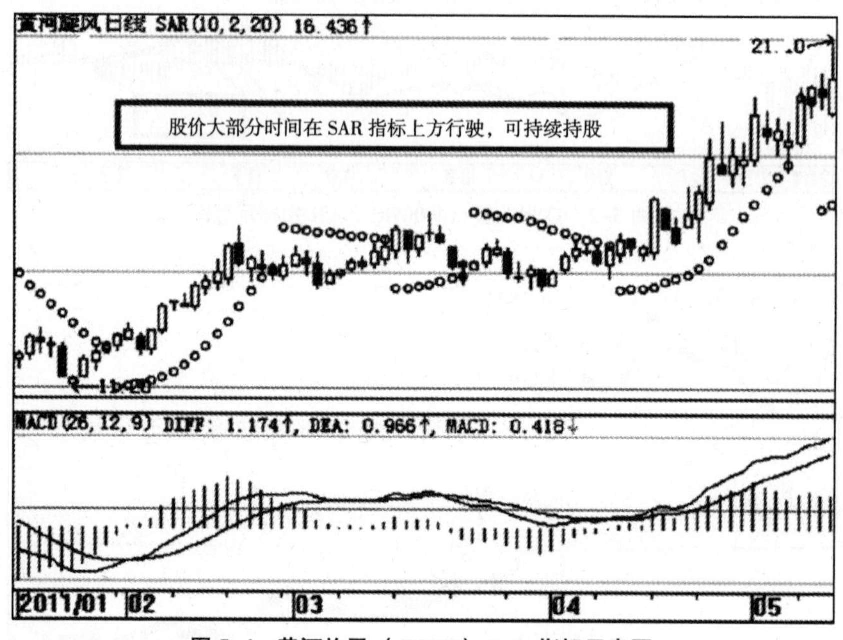

图 5-4 黄河旋风（600172）SAR 指标示意图

若 SAR 在短时内连续出现买入以及卖出信号，那么表明市场在震荡整理时期，这时投资者可选择高抛低吸的操作策略。

（2）在股价 K 线跌破周 SAR 曲线，长期被周 SAR 曲线红圆圈压制向下运行，此时如果周 MACD 指标曲线同时也急剧下行，这就说明股价长期处于下跌行情当中，并且依然持续下跌，手中仍有股票的散户应该及时离场。如图 5-5 所示。

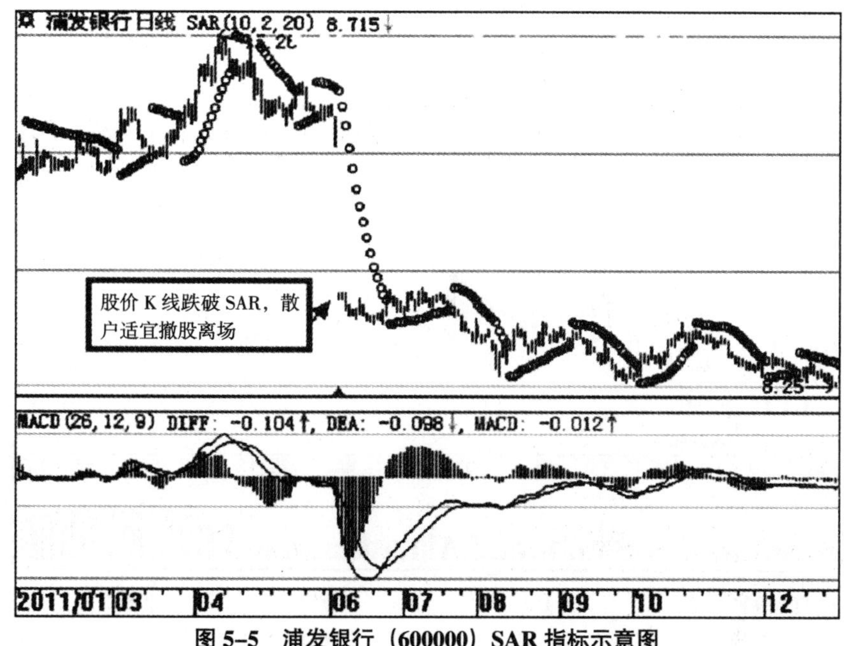

图 5-5　浦发银行（600000）SAR 指标示意图

第三节　SAR 指标的买卖点

一、股价自下而上突破 SAR 线——突破日买入

如图 5-6 所示，2011 年 1 月 31 日，黄河旋风（600172）的 SAR 指标换了新低点，但是股价却超过了前一天的 SAR 点。这种情况代表股价正在突破下降的趋势，反弹上涨。

需要注意的是，在 1 月 31 日之前，这种下降形态持续的时间越长，1 月 31 日当天，该股价越低，此前的信号越可靠。

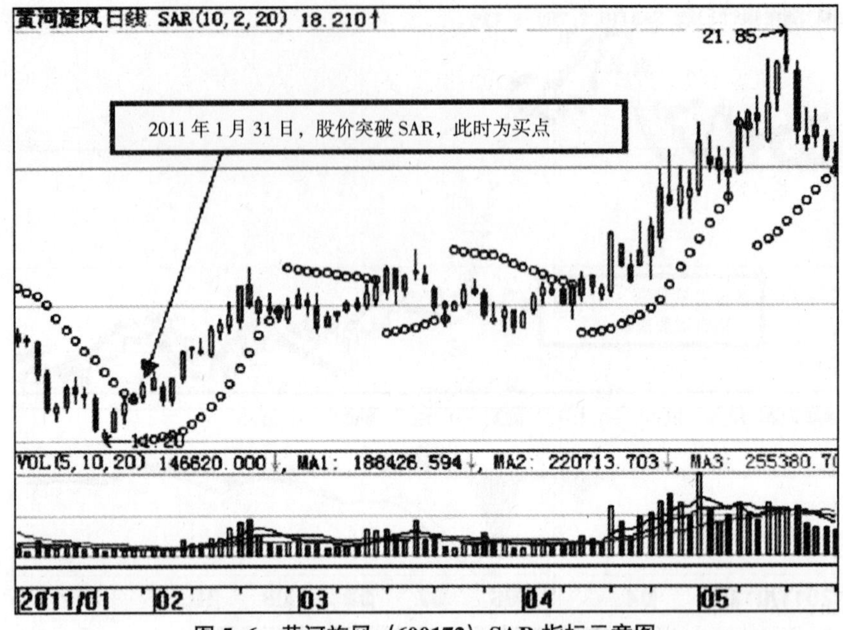

图 5-6　黄河旋风（600172）SAR 指标示意图

二、股价在 SAR 线获得支撑——获得支撑再次回升时买入

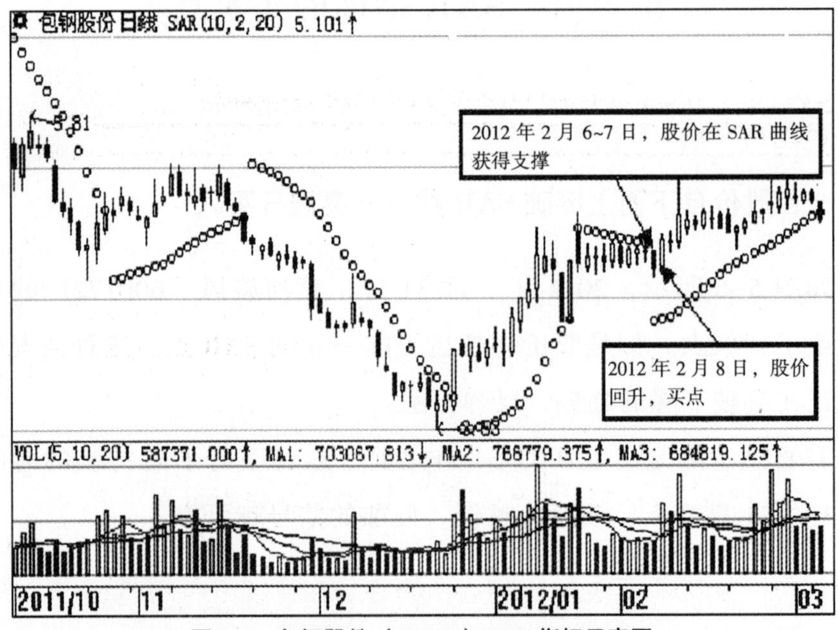

图 5-7　包钢股份（600010）SAR 指标示意图

如图 5-7 所示，2012 年 2 月 6~7 日，包钢股份（600010）股价在经过一段时间下跌后，在 SAR 曲线上获得支撑。而后，2012 年 2 月 8 日，股价开始回升，因此这是一个看涨买入的信号，投资者可在此时进行买入操作。

三、 股价自上而下跌破 SAR 线——跌破日卖出

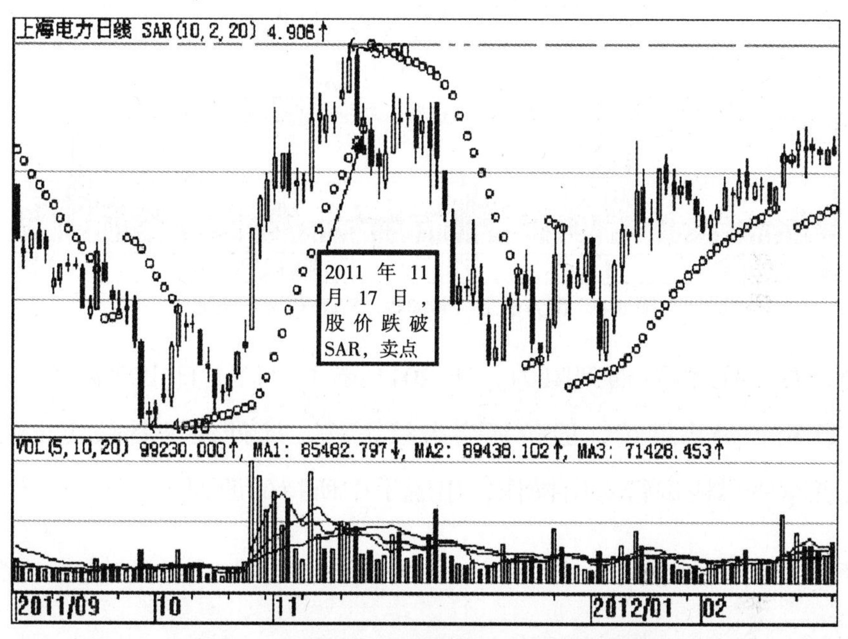

图 5-8　上海电力（600021）SAR 指标示意图

如图 5-8 所示，上海电力（600021）在经过较长时间的上涨行情后，股价开始回落。2011 年 11 月 17 日，该股的股价跌破 SAR 曲线。此形态的出现，说明市场上涨行情开始出现反转，预示着股价将会下跌。投资者可在跌破日进行卖出操作，以规避风险。

四、股价在 SAR 线遇到阻力——遇阻回落时卖出

如图 5-19 所示，南方航空（600029）在持续下跌的过程中，股价出现反弹。2011 年 10 月 24~28 日，该股股价进行反弹，但在反弹过

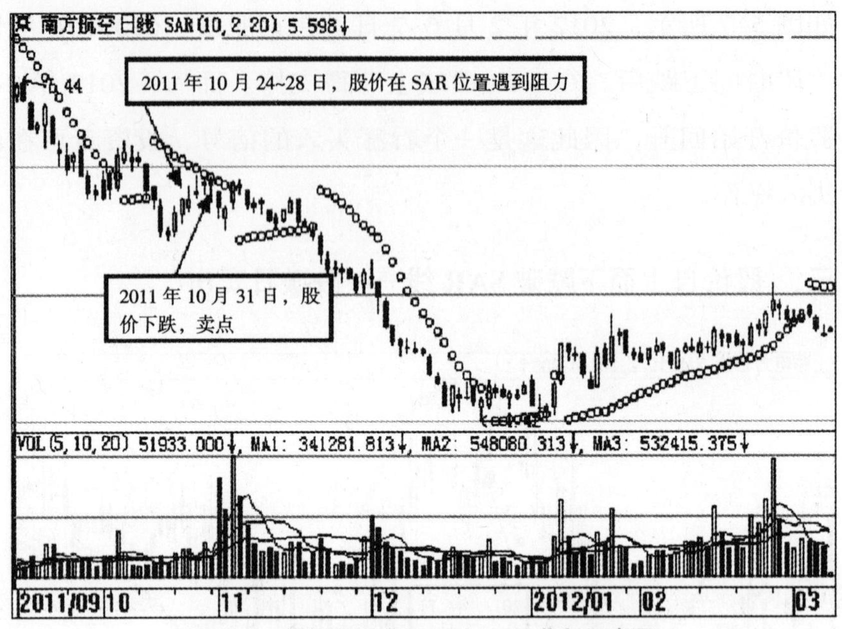

图 5-9 南方航空（600029）SAR 指标示意图

程中，在SAR位置遇到阻力，于2011年10月31日出现回落。这表明下跌趋势仍将继续，股价还会继续下跌，此处便是看跌卖出信号。投资者应该尽快进行卖出操作，出脱手中所持的股票。

小 结

（1）SAR指标操作简单，买卖点明确，出现买卖信号即可进行操作，特别适合于入市时间不长、投资经验不丰富、缺乏买卖技巧的中小投资者使用。

（2）SAR指标中有一个参数，叫做调整因子。它的作用与移动平均线里选用时间周期类似，是调节指标灵敏度的。

（3）SAR指标周期的计算基准周期的参数为2，如2日、2

周、2月等。

（4）SAR 指标计算周期的变动范围为 2~8。

（5）如果是看涨行情，则 SAR（0）为近期底部最低价；如果是看跌行情，则 SAR（0）为近期顶部的最高价。

（6）加速因子 AF 有向上加速因子和向下加速因子的区分。若是看涨行情，则为向上加速因子；若是看跌行情，则为向下加速因子。

（7）SAR 适合于连续拉升的“牛股”，不会轻易被主力震仓和洗盘。

（8）SAR 适合于连续阴跌的“熊股”，不会被下跌途中的反弹诱多所蒙骗。

（9）SAR 适合于中短线的波段操作。

（10）使用 SAR 指标可以避免被长期套牢和错失牛股行情。

摆动指标六　EXPMA 指数平均数指标

EXPMA 指数平均数指标是均线指标的一种，也是股市中较为常见的指标。相较于均线指标而言，这种指标反应更为灵敏，对于短期行情有很好的辅助作用。它能够直观地表现出行情的变化，更适用于短线投资者对行情的研判，从而使投资者在短线操作中更好、更安全地获利。

第一节　EXPMA 指数平均数指标简介

一、什么是 EXPMA 指数平均数指标

指数平均数指标英文全名为“Exponential Moving Average”，简称 EXPMA。指数平均数指标是一种均线指标，是对股指或者股价的收盘价来进行计算平均的一种指标计算方法。计算出的结果能够判断出股价未来的变动趋势。

二、EXPMA 指标的构成原理

指数平均数指标的构造原理是根据股票收盘价来进行计算平均，

并且依照计算结果来分析判断股票价格未来的变动走向。计算移动平均线的时候，由于需要采用前 n 天价格综合平均，所以前 n 天价格高低直接影响平均线的走向，并受制于现在的价格高低。因此，该交叉信号常在行情数日之后才出现。

常见的有股价已经出现反转下跌行情，但移动平均线由于平滑原因，而采用前 n 天价格使得均线依然继续上涨，未能迅速反映当前价格下跌的行情，在均线相对反映出下跌行情时，股价已经处于下跌行情一段时间之后了。在移动平均线滞后问题出现时，指标分析者为了解决这个问题就寻找到了跟随股价移动而快速移动并且迅速调整方向的指数平均数指标。

指数平均数指标和平滑移动平均线以及平行线差指标相对比，在计算公式中重点考虑当天价格行情的权重，所以在使用该指标时，可以避免其他指标信号对于股价走势滞后的影响，这样也能够在一定程度上避免了 DMA 指标在有时候对于价格走势发出信号的提前性，所以 EXPMA 指标是很有效的分析指标。

从 EXPMA 指标构造原理以及使用原则来看，该指标更相似于均线指标，并且 EXPMA 指标是根据参数进行有效设定的，所以相较于均线指标更直观、更实用。

在技术分析软件当中，EXPMA 指标一般由四条线组成，EXPMA 指标的坐标图中，纵坐标表示价格运行价位，横坐标表示价格运行时间，这和均线指标相一致。

三、EXPMA 指标的计算方法

指数平均数指标的计算公式如下：

EXPMA =［当日或当期收盘价 ×2 + 上一日或上期 EXPMA ×（N − 1)］/(N + 1)

其中，首次计算，上期 EXPMA 值为昨天的 EXPMA 值，N 为天数。

四、EXPMA 指标的技术图形

见图 6–1。

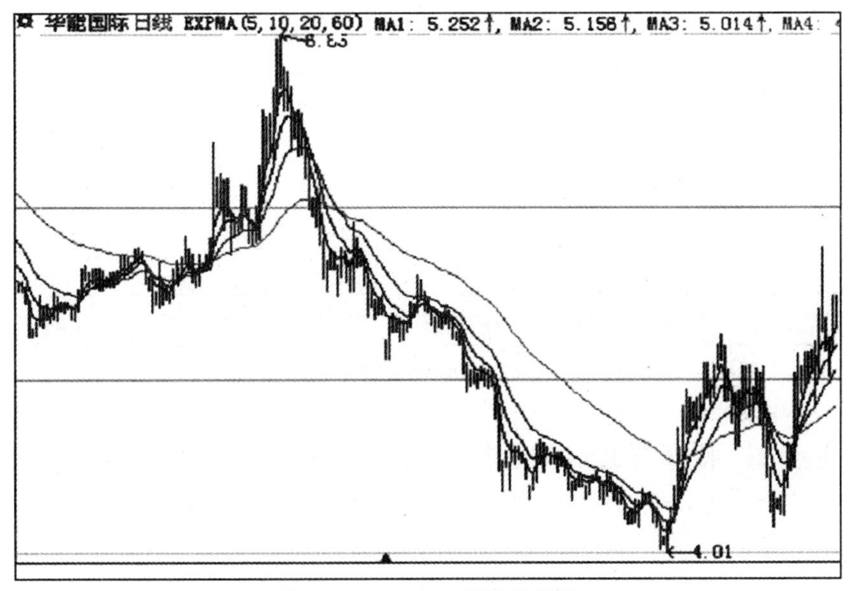

图 6–1　EXPMA 指标示意图

第二节　如何根据 EXPMA 指标确定买卖时点

买点 1：短期天数线自下而上穿越长期天数线——金叉日买入

图 6–2 为浦发银行（600000）的 EXPMA 指标示意图。从图中可以看出，该股在 2011 年 12 月底经过一波下跌后，2012 年 1 月 5 日、6 日和 10 日 EXPMA 先后出现 5 日与 10 日、20 日和 60 日金叉，此时买点出现。随后股价开始向上攀升。

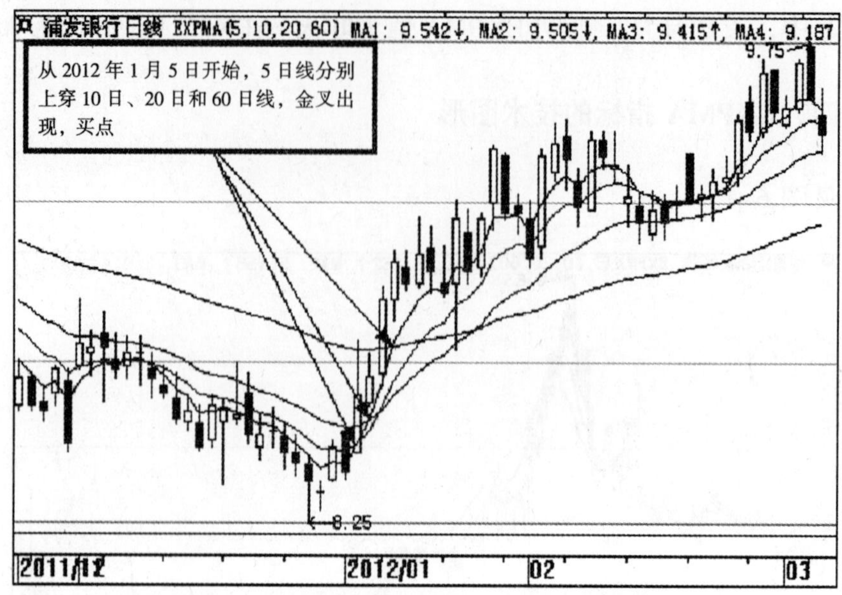

图 6-2 浦发银行（600000）EXPMA 指标示意图

买点 2：股价与 EXPMA 指标线呈现多头排列——多头排列出现日买入

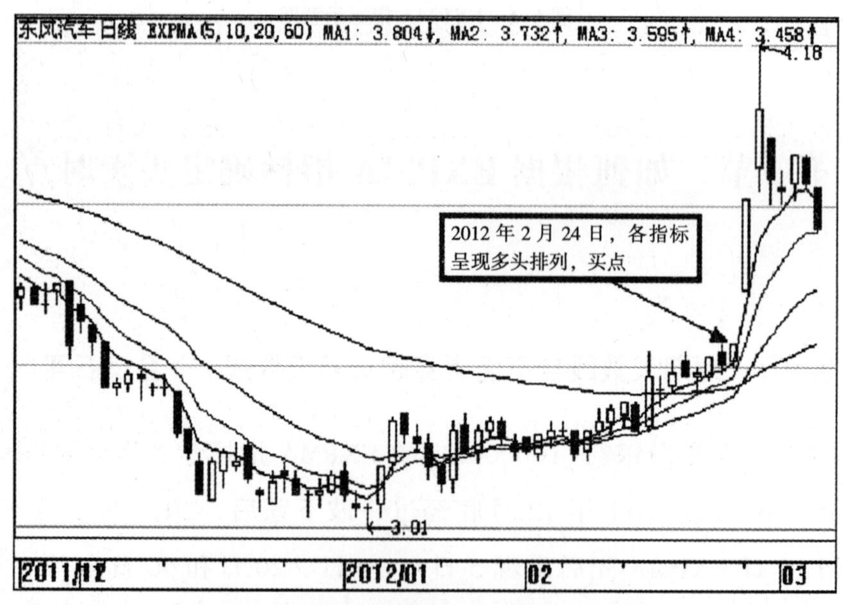

图 6-3 东风汽车（600006）EXPMA 指标示意图

图 6-3 为东风汽车（600006）的 EXPMA 指标示意图。从图中可以看出，该股在 2011 年 11 月下旬经过较长一段时间的下跌后，股价开始在低位盘整并回升。2012 年 2 月 24 日，该股 EXPMA 指标的各条指标线呈现出多头排列，此时买点出现。

买点 3：上升趋势中股价回落至长期天数线处——获得支撑开始回升时买入

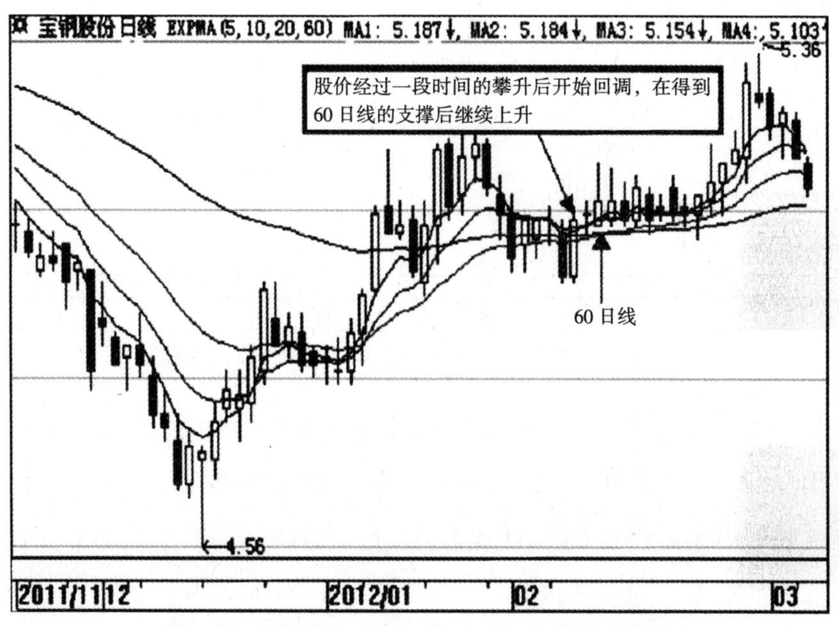

图 6-4　宝钢股份（600019）EXPMA 指标示意图

图 6-4 为宝钢股份（600019）的 EXPMA 指标示意图。从图中可以看出，该股从 2011 年 12 月 6 日开始，股价经过了较长时间的攀升，而后股价开始出现回调。2012 年 2 月 8 日，该股股价在 EXPMA 指标的 60 日线处获得支撑，此后该股开始继续上涨，此处便是买点。

卖点1：短期天数线自上而下穿越长期天数线——死叉日卖出

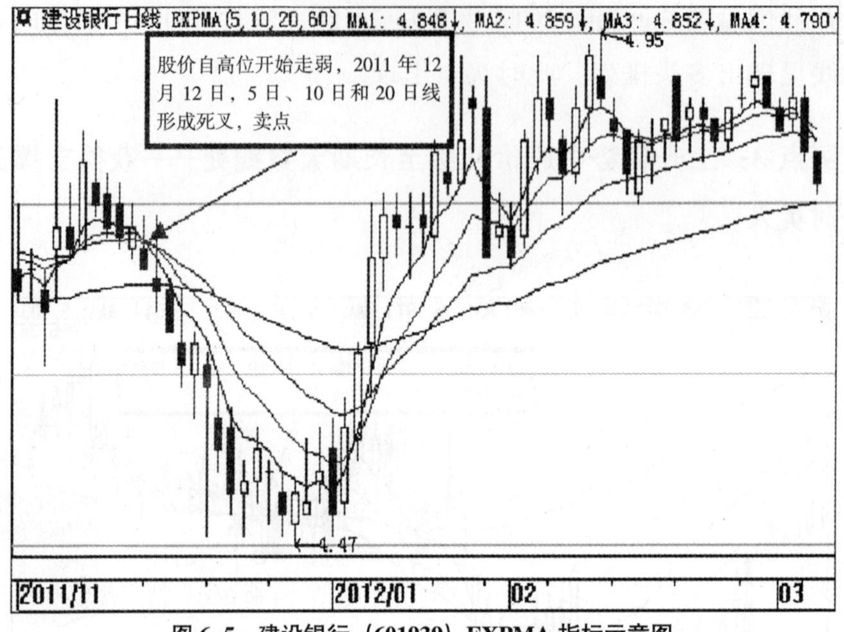

图6-5 建设银行（601939）EXPMA指标示意图

图6-5为建设银行（601939）的EXPMA指标示意图。从图中可以看出，该股在经过一段时间的上涨后开始转弱。2011年12月12日，该股EXPMA指标的5日线和10日、20日线都出现死叉，这表明下跌趋势的确立，卖点出现。

卖点2：股价与EXPMA指标线呈现空头排列——空头排列出现日卖出

图6-6为中国重工（601989）的EXPMA指标示意图。从图中可以看出，该股在高位区停留一段时间后，股价开始逐步走弱。2011年10月31日，该股的EXPMA指标开始呈现出空头排列，一次下跌趋势得到确认。此处便是卖出点，投资者可以清仓卖出。

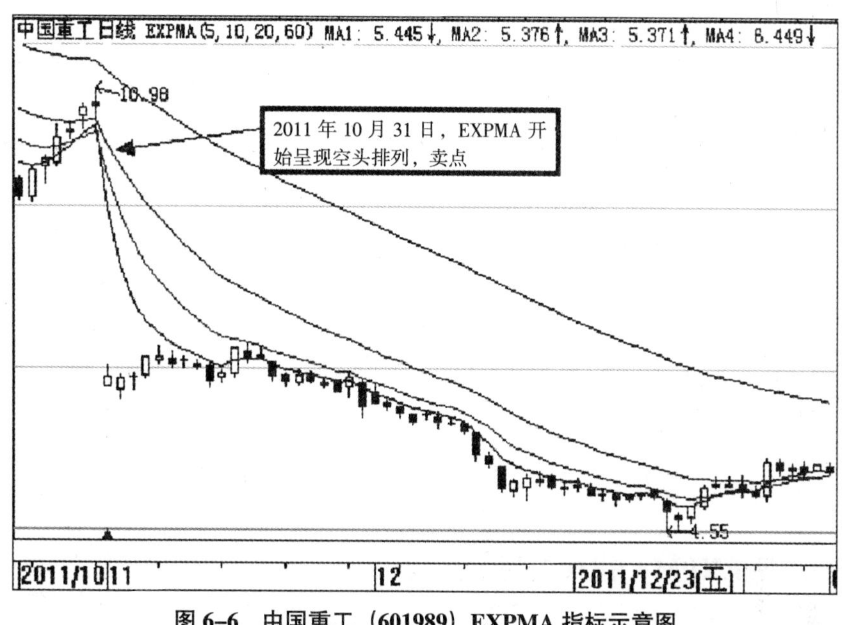

图 6-6　中国重工（601989）EXPMA 指标示意图

卖点 3：下降趋势中股价反弹至长期天数线处——股价遇阻回落时卖出

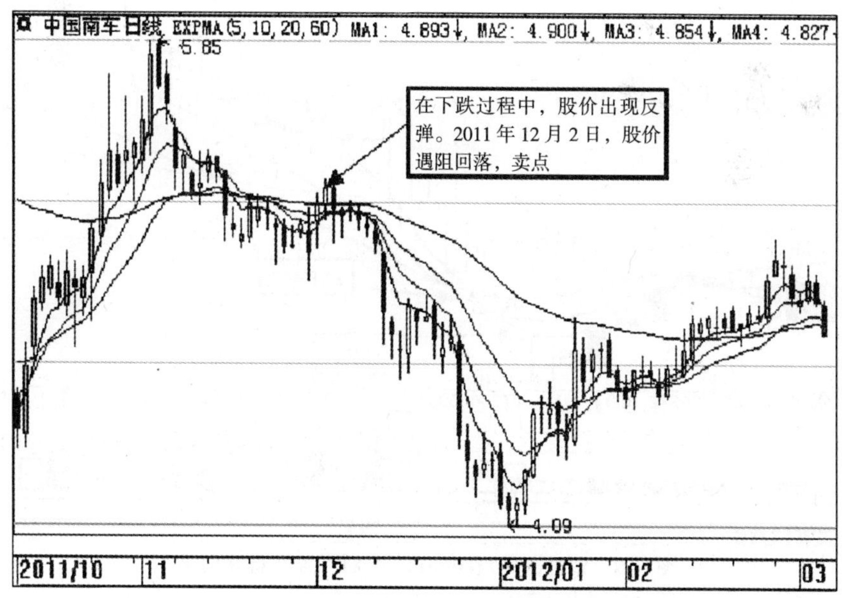

图 6-7　中国南车（601766）EXPMA 指标走势图

图 6-7 为中国南车（601766）的 EXPMA 指标走势图。从图中可以看出，该股在下跌行情的途中出现反弹。但是，2011 年 12 月 2 日，当股价反弹至 EXPMA 指标的 60 日线位置时，遇到了阻力。次日收出的阴线时股价又开始下跌，因此此处也是卖点。

第三节　日 EXPMA 指标的持股持币技巧

一、日 EXPMA 指标的持股技巧

（1）EXPMA1 曲线向上突破 EXPMA2 曲线时，这就意味着股价将要开始中短期上涨行情。

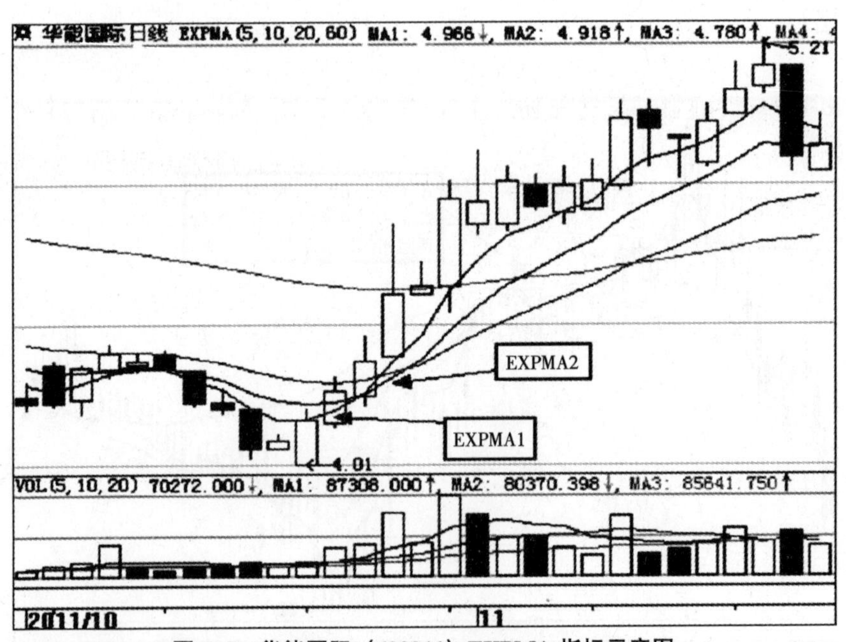

图 6-8　华能国际（600011）EXPMA 指标示意图

另外，在 EXPMA1 曲线突破 EXPMA2 曲线后，并且沿着 EXPMA2 曲线向上运行时，这就表明该股处于明显的上涨行情趋势，并且上涨空间较大，这是日 EXPMA 指标发出的持股待涨信号。这一点从图 6-8 我们也可以看出来。

（2）在股价 K 线沿着 EXPMA1 曲线持续向上运行并且没有掉头回落的迹象，这就表明该股将持续处于上升趋势，这时该指标发出的持股待涨信号更为可靠。如图 6-9 所示。

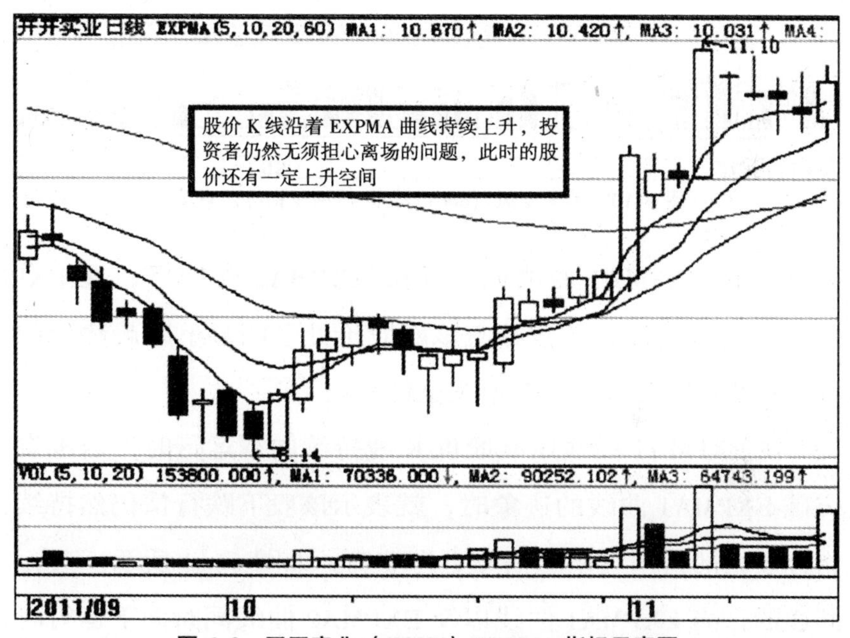

图 6-9　开开实业（600272）EXPMA 指标示意图

同样的，在 EXPMA1 曲线以及 EXPMA2 曲线同时向上运行时，这表明该股仍然处于上涨趋势当中，投资者此时可安心继续持股。

二、日 EXPMA 指标的持币技巧

（1）在 EXPMA1 曲线跌破 EXPMA2 曲线之后，表明股价开始处于下跌趋势当中。如图 6-10 所示。

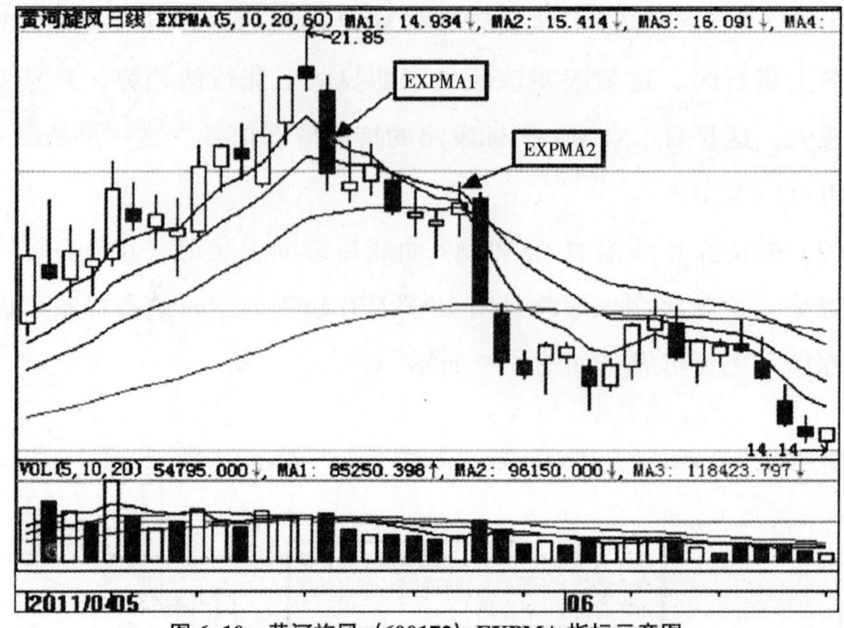

图 6-10 黄河旋风（600172）EXPMA 指标示意图

另外，在 EXPMA1 曲线向下跌破 EXPMA2 曲线后，在 EXPMA2 曲线压制下向下运行，这意味着该股股价处于明显下跌趋势当中，是日 EXPMA 指标发出的一个持币观望信号。

（2）在 EXPMA1 曲线压制股价 K 线持续向下运行时，若没有出现向上突破 EXPMA1 曲线的迹象时，就表示该股下跌行情仍然持续，这时该指标发出的持币观望的信号更为准确。如图 6-11 所示。

同样的，当 EXPMA1 曲线以及 EXPMA2 曲线同时向下运行时，就表明该股下跌行情仍将继续，此时投资者仍然安心持币观望。

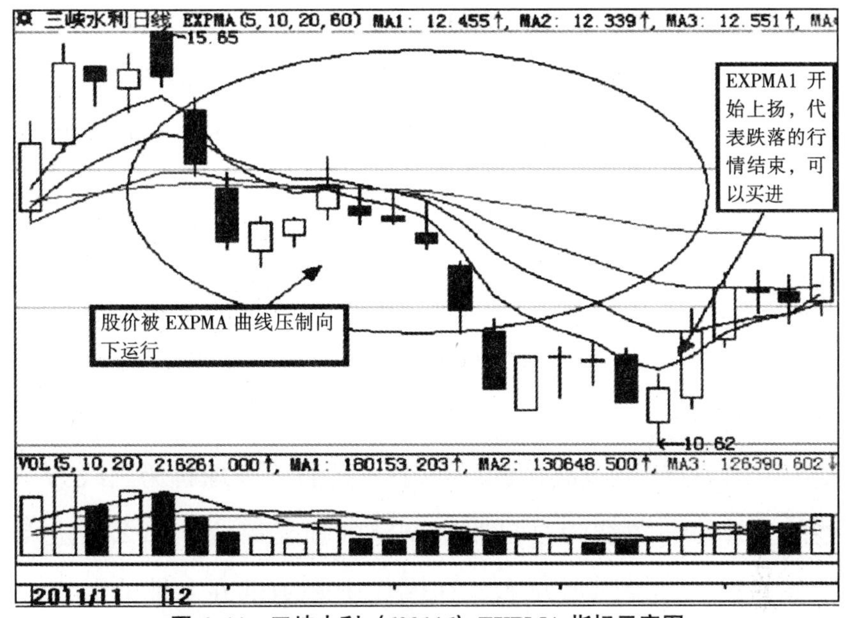

图 6-11　三峡水利（600116）EXPMA 指标示意图

第四节　应用 EXPMA 指标的注意事项

一、EXPMA 指标的缺陷

正统的技术分析是从不预估行情的，它属于统计学范畴，给出的只是一个概率分析。也就是说 EXPMA 技术指标只能给我们发出买卖信号，而不可能告诉我们市场一定会发生什么事情。这就是说 EXPMA 指标具有先天“缺陷”的，将其称为“成本”！也许问题就是出现在这里：股民不能容忍 EXPMA 技术指标的这种“缺陷”，总是试图追求完美！也许大家正是在这种追求完美的过程中，离成功越来越远！他们总是自作聪明地想着“好一点”、“再好一点”、“更完美一点”。当一个股民通过 EXPMA 技术指标卖出股票时，已经距离最高点有 20%的空间。

那么他就开始自作聪明地玩调整指标参数的游戏；当出现一次假信号时，他又开始继续玩修改参数的游戏。他不明白，(调整灵敏度）有一得就会有一失！甚至有的股民在数次假信号后，将这种技术指标的价值完全否定，从而彻底放弃这种指标，并且去寻找更完美的指标！

但是，技术分析说白了就是，选择尺度，承担时段！选择具有明显特征的尺度，承担小范围内（时段中）相反特征带来的成本！这就是技术分析必然会有"缺陷"（成本）的原因，并且这种"缺陷"(成本）是无法避免的！

EXPMA 指标是低吸高抛的好助手，我们可以理解为白线为一只股票调整的支撑位，黄线为一只股票调整的强支撑位，那么买进点我们就在调整到位的支撑附近介入。在操作中必须摈弃人性的弱点，无条件地执行既定的买卖点。一般的指标中没有一个指标能够提示一个调整价格的明确价格点位，通常在价格发生下跌的时候，大部分技术指标都是卖出信号。该指标符合"人弃我取"的上乘操作要点原则，在实际的应用中往往能够抓住一个波段的最低点上下，由于对均线系统进行了取长补短，调整的价格点位有时候用均线系统无法预测。

EXPMA 指标只能够捕捉一个比较理想的买点，而不能够提示一个理想的卖点，EXPMA 有一定的滞后性，所以 EXPMA 是无法预测出一波较大级别的主升浪行情，这个是它的唯一缺陷。

二、不同软件上 EXPMA 指标的参数设置

在股市中，各种网络分析软件关于 EXPMA 指标参数修改方法大致相同。下面就以钱龙股市分析软件为例，来介绍 EXPMA 指标参数的修改方法。以下为具体修改步骤：

(1) 打开大智慧软件之后，输入某只股票代码，然后进入该股的"日 K 线界面"。如图 6-12 所示。

图 6–12　林海股份（600099）K 线界面图

（2）在该软件界面右上角的“画面”下拉菜单中，选择“分析指标”选项。如图 6–13 所示。

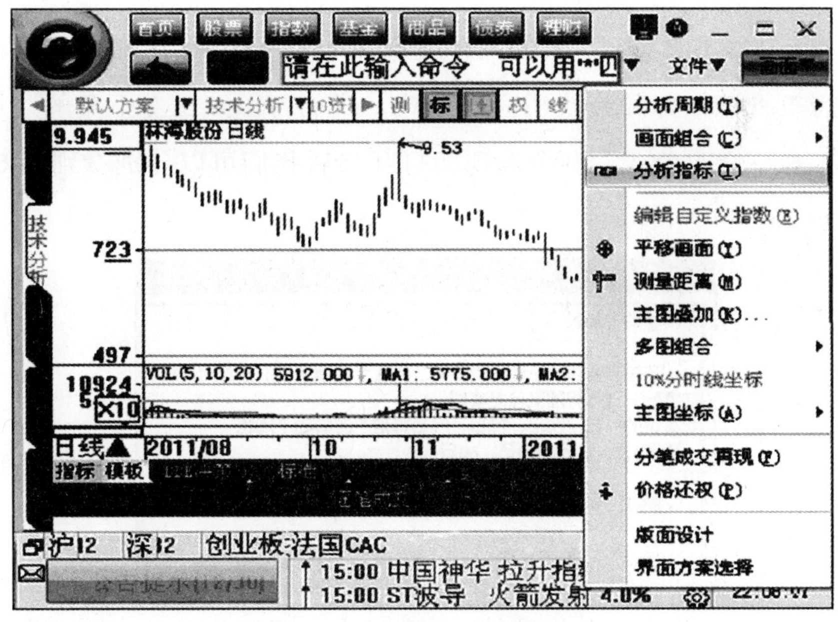

图 6–13　“画面”下拉菜单图

（3）之后，我们就可以在“选项指标”选项卡中直接找到 EXPMA 指标了。如图 6-14 所示。

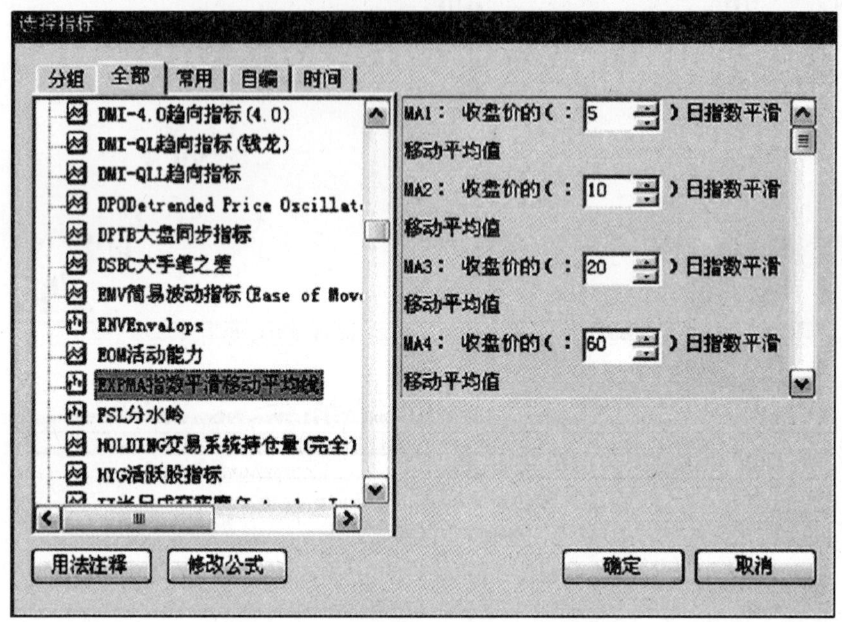

图 6-14 “选择指标”选项卡示意图

（4）在图 6-14 中，我们可以看到 EXPMA 指标简单的参数设定，如果想查看该指标和修改相应的公式，我们可以点击左下角的“用法注释”和“修改公式”两个选项。打开之后我们可以分别看到图 6-15 和图 6-16。

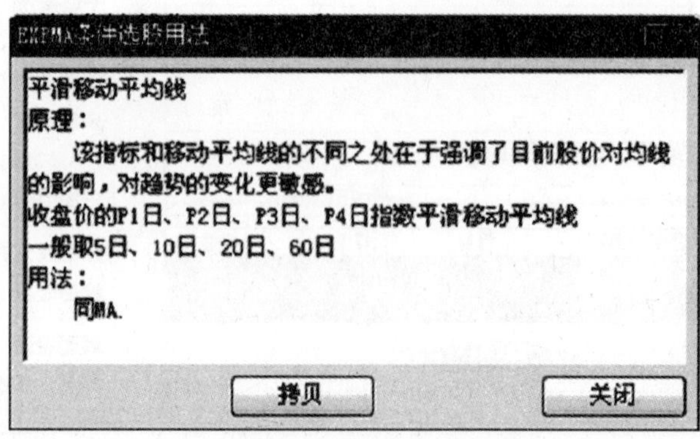

图 6-15 “用法注释”示意图

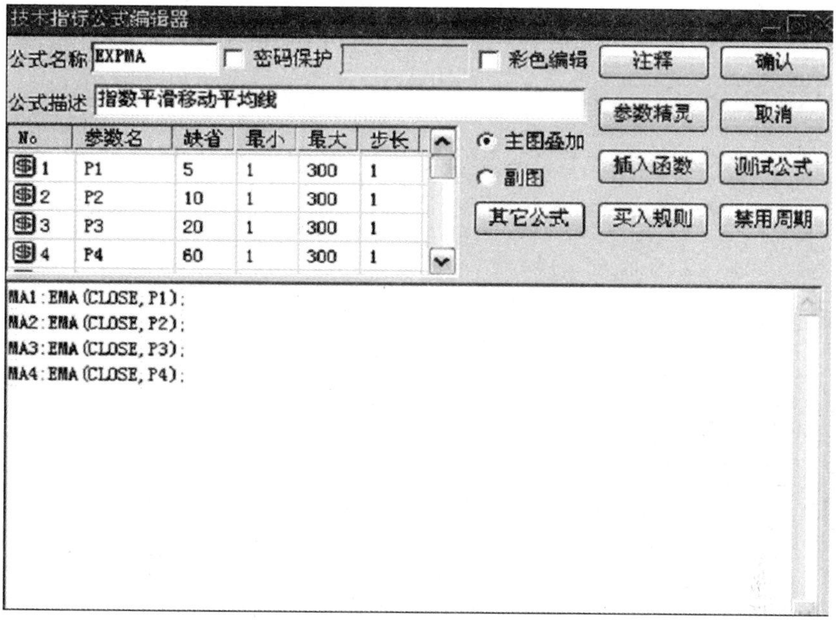

技术指标公式编辑器

公式名称 EXPMA 密码保护 彩色编辑 注释 确认

公式描述 指数平滑移动平均线 参数精灵 取消

No.	参数名	缺省	最小	最大	步长
1	P1	5	1	300	1
2	P2	10	1	300	1
3	P3	20	1	300	1
4	P4	60	1	300	1

主图叠加 副图 其它公式 插入函数 测试公式 买入规则 禁用周期

```
MA1:EMA(CLOSE,P1);
MA2:EMA(CLOSE,P2);
MA3:EMA(CLOSE,P3);
MA4:EMA(CLOSE,P4);
```

图 6-16 “修改公式”示意图

小 结

（1）此指标通常是中短线选股指标，适合于中短线投资者，根据这个信号买入的投资者都会有获利的可能，由于该指标的稳定性大波动性小的特点，因此更适用于中线投资者操作。

（2）在黄线和白线持续保持距离向上运行时，也就表明该股后市持续上涨，在股价下跌到白线附近并不跌破黄线时，这就表明回落现象是很好的买入时机。

（3）从 EXPMA 指标卖出时机来看，最好还是不要根据 EXPMA 指标出现死叉形态为标准。这是因为该指标具有滞后性，最好可以根据超级短线指标出现个股死叉形态的卖出信号来选择中线离场较为可靠。

(4) EXPMA 指标一般以 12 日和 50 日两条均线为主。

(5) 当 12 日指数平均线向上交叉 50 日指数平均线时，是买入信号。

(6) 当 12 日指数平均线向下交叉 50 日指数平均线时，是卖出信号。

(7) EXPMA 指标比较适合以中短线为主的投资者，该指标一般为中短线选股指标。

(8) 使用 EXPMA 指标的交叉信号，迅速抓住时效性，主要用于当股价瞬间行情幅度过大时，经常买在最高价或卖在最低价，可以将日线图转变成半小时或一小时图。

(9) 一般行情中，按照 EXPMA 交叉信号卖出股票，股价却经常立即反弹；而依信号买进股票，股价又经常立即回档，当遇到这种行情时不要使用该指标。

(10) EXPMA 指标比较适合与 SAR 指标搭配使用。

摆动指标七　TOW 宝塔线

TOW 宝塔线指标相对来说比较简单，投资者可以根据该指标来客观、明确地研判后市股价的涨跌，是股市中常用的一种技术指标。TOW 宝塔指标除了简单易学之外，还具有特殊的过滤功能。它能够引导投资者进行安全可靠的股票交易，在很大程度上避开"骗线"的干扰。而且 TOW 宝塔指标还可以在行情出现反转时，清晰地呈现出行情反转点，因而有利于投资者能够捕捉到更好的交易时机。

第一节　TOW 宝塔线简介

一、什么是 TOW 宝塔线指标

宝塔线指标，也称为 TOWER 指标，是用黑白或者绿红的棒线来区分股价涨跌，据此研判股票趋势，并且结合指数走势图以及移动平均线综合研判股价跌涨趋势的技术分析指标。

二、TOW 指标的构造原理

宝塔线是以股价上涨行情为白线，下跌行情为黑线，在图表中呈现出多空双方之间博弈过程以及双方力量变化，据此来判断买卖操作的时机。

宝塔线指标应用了趋势线的原理，并且加入了支撑区以及阻力区的概念，由此确认行情是否出现反转。通常若一条阳线或阴线比前面出现的阴线或者阳线较长，那么宝塔就会出现翻白或者翻黑，这种方法也就是“新三价线转换法”。也就是在前三天内的最高价或最低价是上档压力或者下档支撑，在股价突破或跌破上档压力或下档支撑时就是投资者的买卖操作最佳时机。

宝塔线的作用是利用变形将行情反转点呈现出来，更容易观察以及操作。投资者利用这个指标的变化情况来研判个股的买卖时机。

三、TOW 指标的技术图形

见图 7-1。

图 7-1　东风汽车（600006）TOW 指标示意图

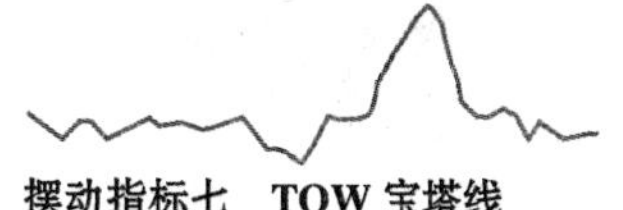

第二节　宝塔线的画法

一、画法

（1）当股价上涨时用白色（或红色）长方形表示；而当股价下跌时用黑色（或绿色）棒体表示。高度比例根据股票价格而定，如图 7－2 所示。

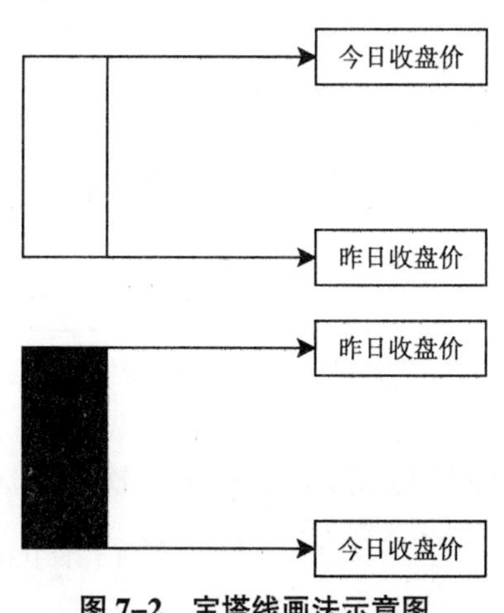

图 7-2　宝塔线画法示意图

（2）宝塔线是以前一天的收盘价为基准价，每日将股票收盘价的涨跌画于图表上，与“日 K 线”图相似，但它没有上下影线。

二、绘画宝塔线的注意事项

宝塔线指标有自己的一套绘制方法：

（1）如果行情在当天交易日中上涨又在次日交易日中下跌，那么宝塔线的绘制方法就是：当日上涨行情仍然可以使用红线或白线来表示，次日回落行情就需要在次日的宝塔线中体现出次日的跌幅，假如次日股价并未跌破白线、红线实体低点，那么仍然使用白线、红线实体来表示。如图 7-3 所示。

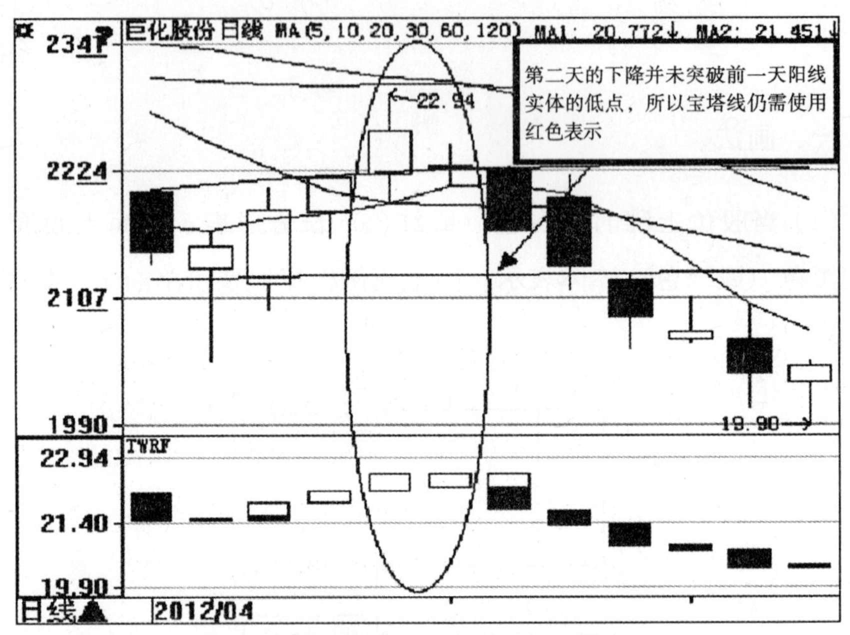

图 7-3　巨化股份（600160）宝塔线示意图

（2）如果当天交易日行情出现下跌，次日却又出现回升，那么宝塔线的绘制方法就是：在当天交易日下跌行情仍然使用黑线或绿线来表示指数或者股价下跌，但是次日回升行情就需要在次日宝塔线当中体现出次日上涨的幅度，若股价并未突破实体黑线或绿线高点，那么仍然使用黑色或绿色实体线来表示。如图 7-4 所示。

据此可以看出，多空双方力量的比较能够清晰地被宝塔线呈现到图表之上，这也就能够相对避免了 K 线图中可能会有的庄家骗线情形。

我们在红线以及绿线长度中可以看到多空双方在当天交易日的时机情况，这对于短线投资者的操作有很重要的辅助作用。

宝塔线特征以及画法和点状图相似，但是区别在于不需要记载每

图 7-4　中卫国脉（600640）宝塔线示意图

个周期股价的变动过程，而是在股价创出新高或新低时记录。这一点和 K 线画法不同。在先进股市技术分析软件当中，宝塔线是电脑软件自动形成的，所以，投资者只需要了解其计算过程并且熟悉宝塔线指标就基本足够了。

TOW 指标和其他指标相同，对于选用计算周期并不相同。TOW 指标按照时间周期可分为分钟 TOW 指标、日 TOW 指标、周 TOW 指标、月 TOW 指标、年 TOW 指标等类型。常用于股市研判的指标是日 TOW 指标以及周 TOW 指标。还有，跟随着股市软件分析技术的前进，投资者掌握 TOW 形成的基本原理和计算方法就基本足够，并不需要计算指标数值，投资者使用 TOW 指标研判股市行情才是最为重要的。

第三节 TOW 指标解读涨跌秘诀

一、颜色指标

（1）当宝塔线由连续的绿柱翻为大量的红柱时，表明多方力量已经占据上风，后市行情仍然有上涨的空间；相反，当宝塔线柱体全部翻为绿色时，则代表空方力量已经占据了上风，后市仍会有一段时间的下跌行情。如图 7–5 和图 7–6 所示。

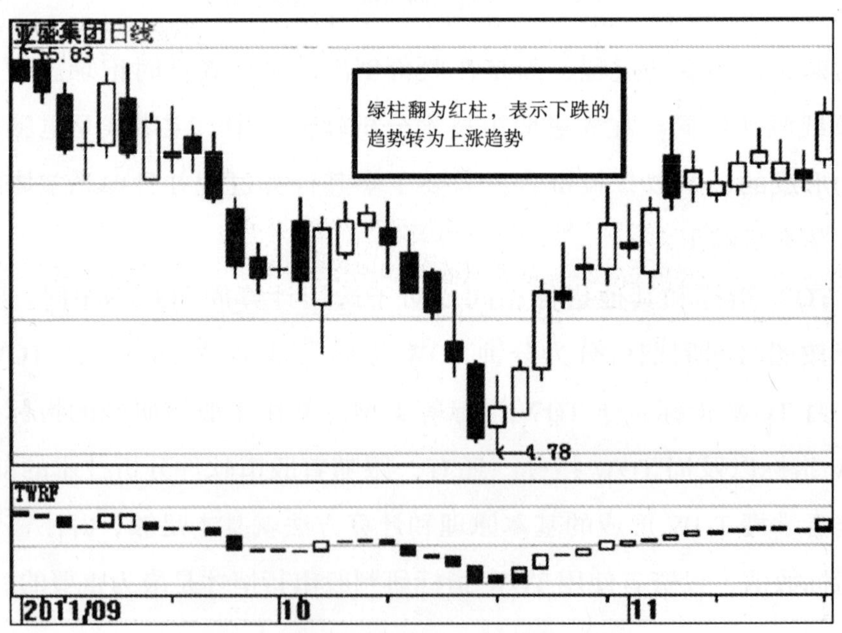

图 7–5 亚盛集团（600108）宝塔线示意图

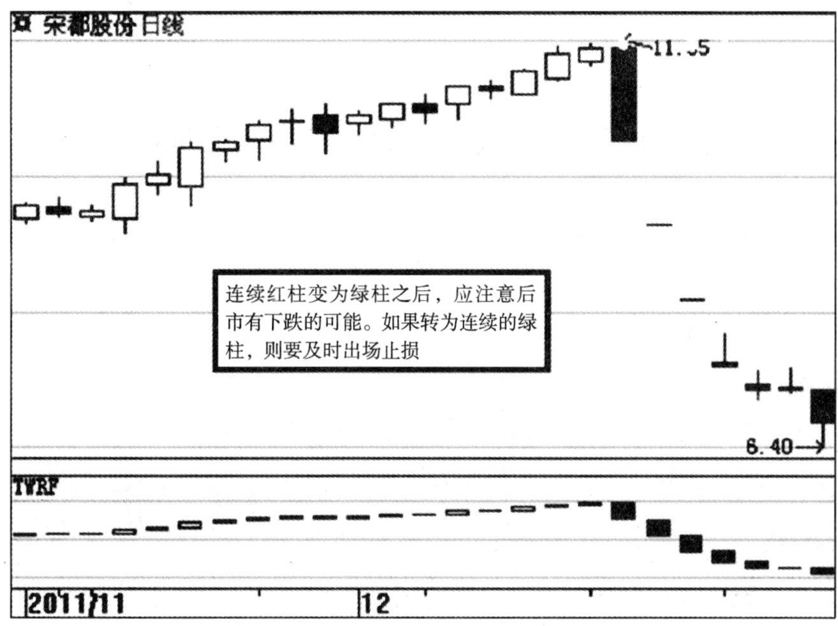

图 7-6　宋都股份（600077）宝塔线示意图

（2）当股价处于震荡调整走势时，宝塔线有可能出现小幅翻红、小幅翻绿的走势，此时投资者应以观望为主。如图 7-7 所示。

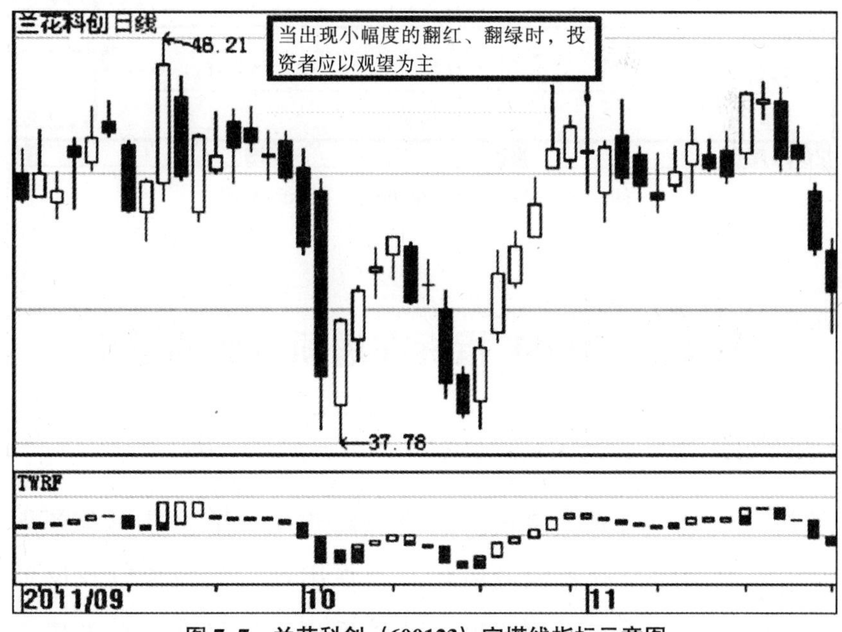

图 7-7　兰花科创（600123）宝塔线指标示意图

二、升降指标

股价在持续上涨一段时间后，假如猛然出现下跌走势，这时宝塔线就会全部翻绿，投资者应当在此时迅速清仓获利。若在相反情况下，股价在下跌一段时间之后，若出现反弹走势，这时宝塔线会出现全部翻红，这时投资者应当适当介入短线操作。如图 7-8 所示。

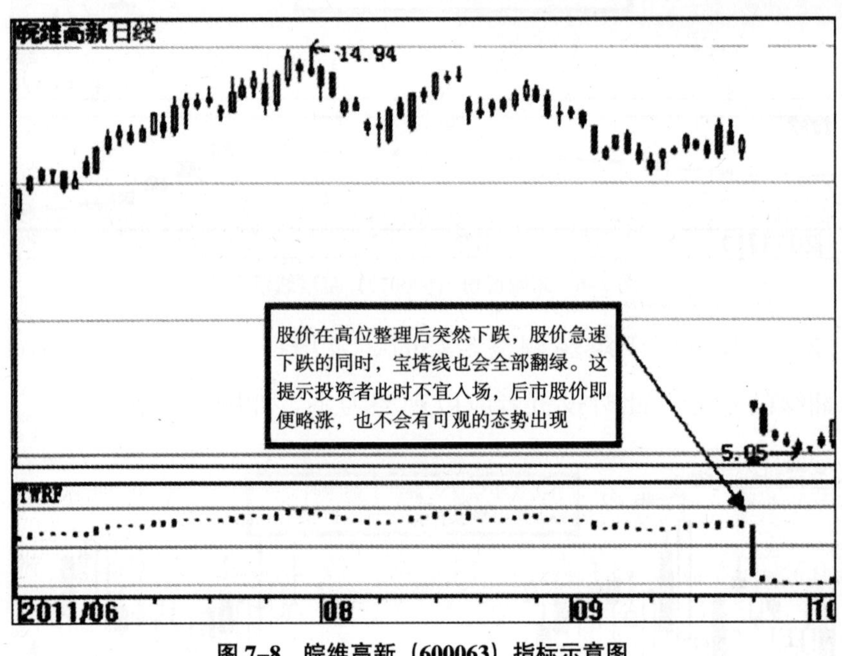

图 7-8　皖维高新（600063）指标示意图

第四节　TOW 指标在逃顶方面的运用

宝塔线指标的实战价值很高，该指标的市场敏感性以及客观实证性能够很好地辅助投资者躲避风险。当在出现大波段顶以及反弹见顶发出的卖出信号时，三平翻绿见顶的信号可靠性最高，在强势市场中

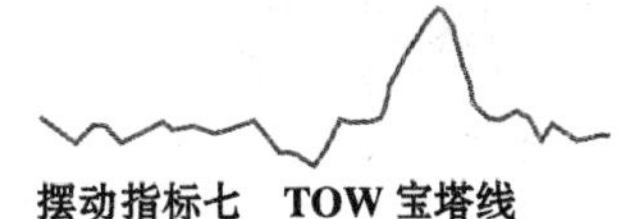

的三平翻红在中短线顺势操作中也表现不错。

客观地来看，在找到一些强势股、热门股并进行短线介入时，对于有市场经验的投资者较为简单，但难点在于如何做到逢高卖出。宝塔线在盘局时信号较为频繁，因而可靠性较低。但是在波段底或顶转折时，该指标信号可靠性较大，并且往往能够准确预测出未来走势。投资者在实际操作中若出现下面几个条件的个股，那么就可以在三平翻绿时迅速卖出：

中短线波段累计幅度较大的个股，可以使用三平顶高位翻绿来止跌，可以在高位卖出，获利能够最大化。如图 7–9 所示。

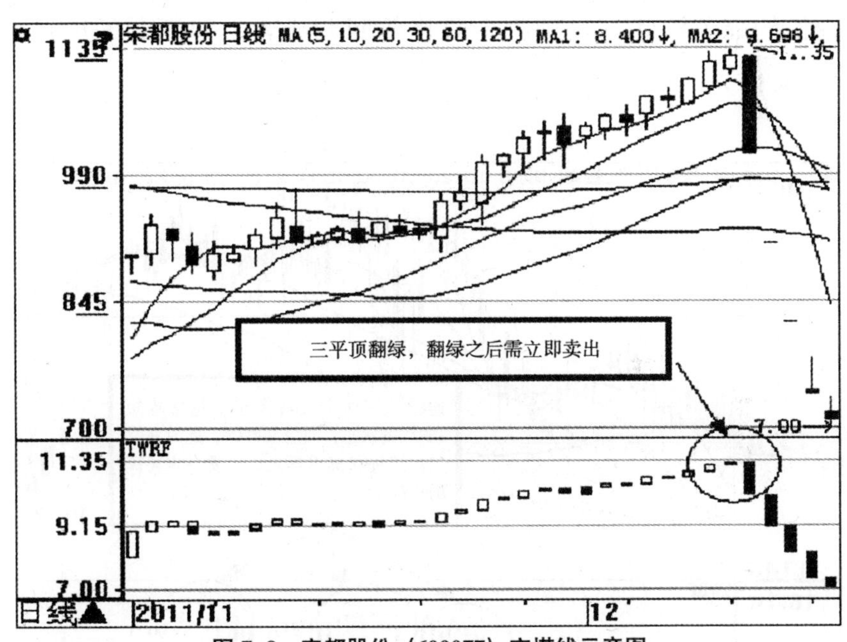

图 7–9　宋都股份（600077）宝塔线示意图

三平顶是宝塔线研判中常用的一种形态，意思是连续三次的宝塔线柱体上缘呈直线状态。上图中的三平顶最后一顶的下面出现了大量的翻绿现象，对于投资者来说，这是明显的卖出信号。尤其在区间换手率达到 108%~200%、波段涨幅也在 30%以上时，一旦出现宝塔线三平顶翻绿的情况就应当立即离场，以免遭受重创。

第五节 TOW指标在停损方面的运用

与K线一样，宝塔线指标可以真实地呈现出个股走势的强弱。红色柱状就是股价上升，绿色柱状则为股价下跌。宝塔线图形中最准确的是在连续出现3~5个小红柱状时，股价出现无力上攻的情况，若此时红塔翻绿，那就预示着调整时期将要开始，不论是较短的绿色柱状或是较长的绿色柱状都是预测个股将要回调或者走势渐弱的反转信号。如图7-10所示。

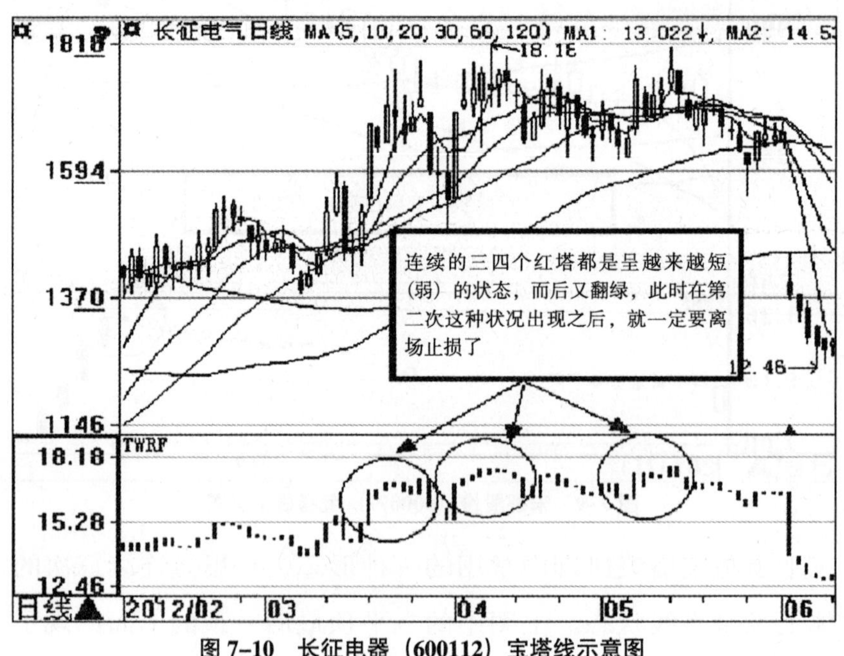

图7-10 长征电器（600112）宝塔线示意图

从图7-10中我们可以看出，第一次出现圆圈内情形时，投资者就要提高警惕，后面可能会迎来一系列的盘整，当第二次循环出现时，

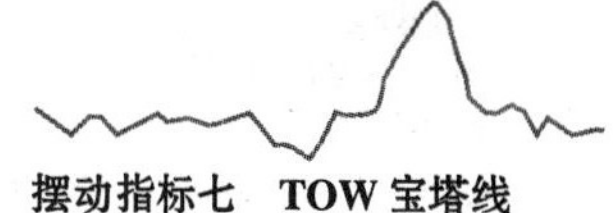

则是最佳的卖出时机了。

在牛市当中，个股每次的回档也是买入的最佳时机。如果宝塔线在连续 2~3 天出现绿色状筑底，随后从绿转红，即表示新一轮上涨行情即将开始。如图 7-11 所示。

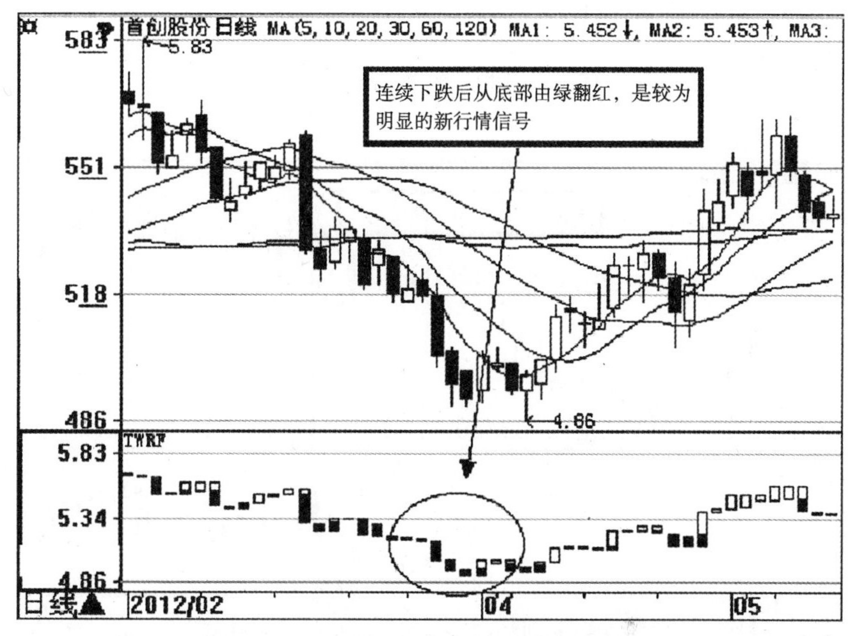

图 7-11　首创股份（600008）宝塔线示意图

在熊市当中，持续下跌的绿色柱状偶尔出现 2~3 根红色柱状只是回抽而已，紧接着就会从红转绿继续在下降通道中运行。宝塔线每次出现红柱线时，都是波段逃走的时机，通常绿转红的时间会是两三天，最多达到五六天，这也就是止损逃命的时机。

在以上分析中我们能够看到，宝塔线指标非常适用于辅助短中线止损。

第六节　TOW 指标的买卖点

买点 1：低位三平底——翻红时买入

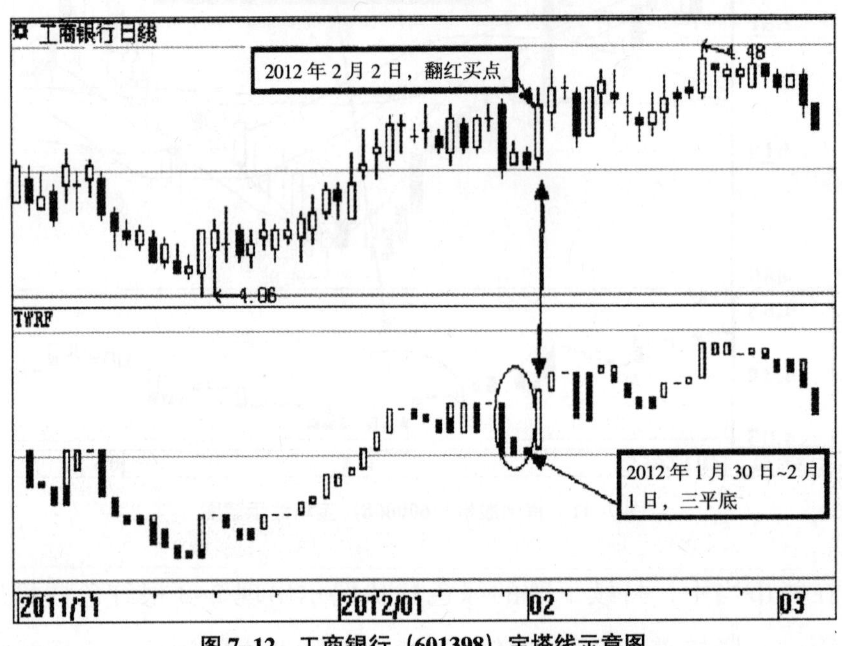

图 7-12　工商银行（601398）宝塔线示意图

图 7-12 为工商银行（601398）的宝塔线示意图。从图 7-12 中可以看出，该股在上涨行情途中，股价出现回调。2012 年 1 月 30 日~2 月 1 日这三个交易日，三根宝塔线的低点处于同一水平，因而构成了“三平底”形态。这表明股价已经开始止跌，调整即将到位。2012 年 2 月 2 日宝塔线变为红色，说明股价开始上涨，此处便为买点。

除了三平底形态外，还有双平底和多平底形态。它们的买入原则与三平底的买入原则相同。投资者可以把它们作为止损位买入。

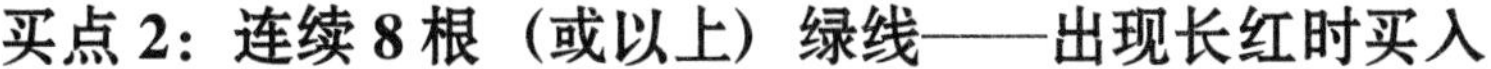

买点 2：连续 8 根（或以上）绿线——出现长红时买入

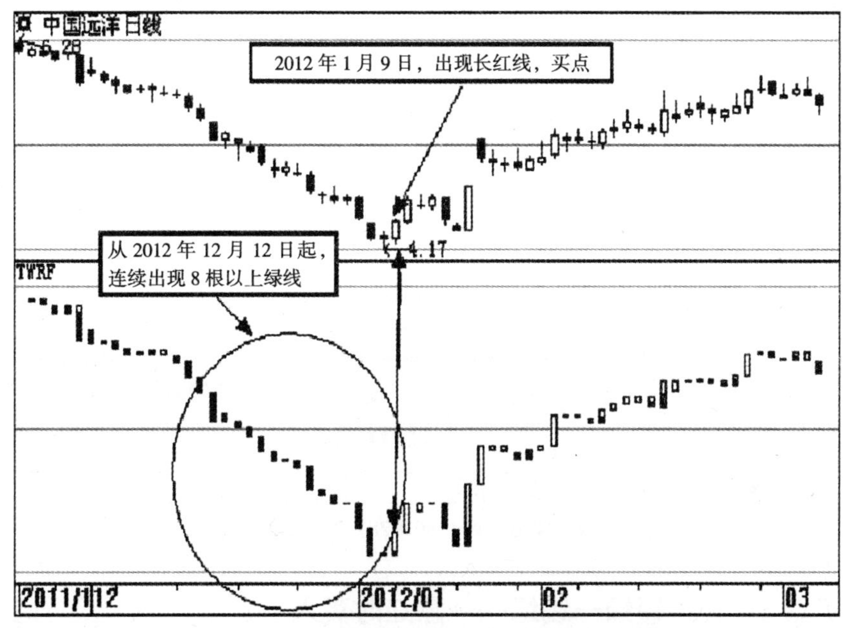

图 7–13　中国远洋（601919）宝塔线示意图

图 7–13 为中国远洋（601919）的宝塔线示意图。从图 7–13 中可以看出，该股从 2011 年 12 月 12 日起连续下跌，出现了 8 根以上绿线，表明该股股价暴跌。2012 年 1 月 9 日，该股宝塔线出现了一根红线，由绿转红，此处便是买点。投资者可以进场买入。

买点 3：低位连续红线——第三根红线处买入

图 7–14 为凤凰传媒（601928）的宝塔线示意图。从图 7–14 中可以看出，该股在经过一段时间的筑底过程后，2012 年 1 月 31 日~2 月 2 日这三个交易日，宝塔线上连续出现三根红线，股价开始回升，因此第三根红线处便是买入点。虽然在第三根红线处买入，买入时机稍显滞后，但是该股的上涨趋势已经很明朗，股价仍将走强，可以减小投资者承担的风险。

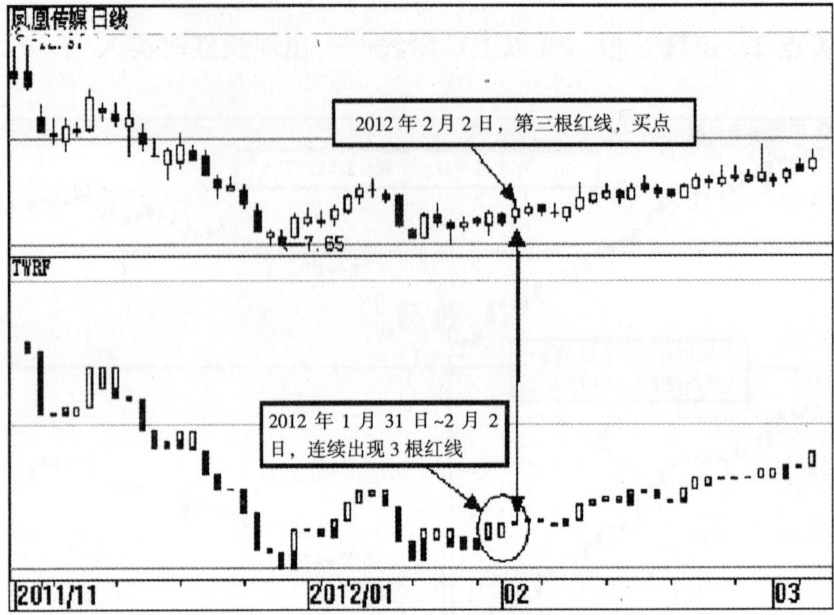

图 7-14 凤凰传媒（601928）宝塔线示意图

买点 4：长绿短绿一线绿——翻红时买入

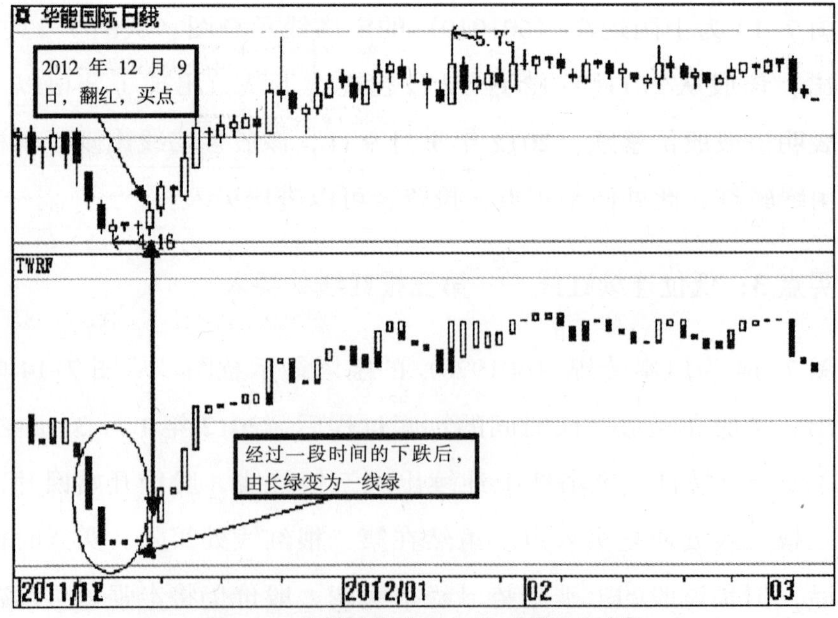

图 7-15 华能国际（600011）宝塔线示意图

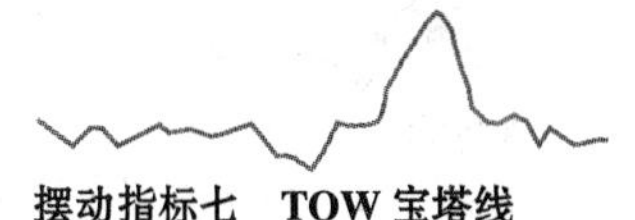

图 7–15 为华能国际（600011）的宝塔线示意图。从图 7–15 中可以看出，该股经过一段时间的下跌后，股价开始回升，如图中标注所示。宝塔线由长绿变为一线绿，继而转红，说明股价跌幅不断减缓，并最终停止，股价渐渐回升并进入上涨阶段。宝塔线开始变红处便是买点，并且可靠性很高，投资者可以见机买入。

卖点 1：高位三平顶——翻绿时卖出

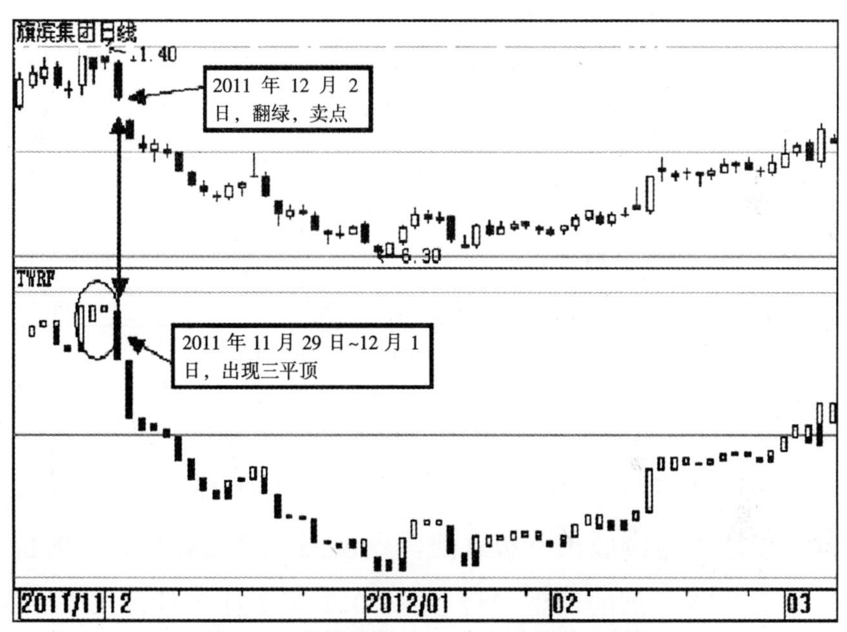

图 7–16 旗滨集团（601636）宝塔线示意图

图 7–16 为旗滨集团（601636）的宝塔线示意图。从图 7–16 中可以看出，该股在 2011 年 11 月 29 日~2 月 1 日这三个交易日期间，宝塔线的顶点均处于同一水平，因而出现“三平顶”形态。这表明股价开始滞涨，上涨已经到位。而后宝塔线变绿，预示着股价开始了下跌调整走势，因此在翻绿处便为卖点。

除了三平顶形态，还有双平顶和多平顶形态，它们的卖出原则与三平顶的卖出原则一样，都是在翻绿时卖出。

卖点 2：连续 8 根（或以上）红线——出现绿线时卖出

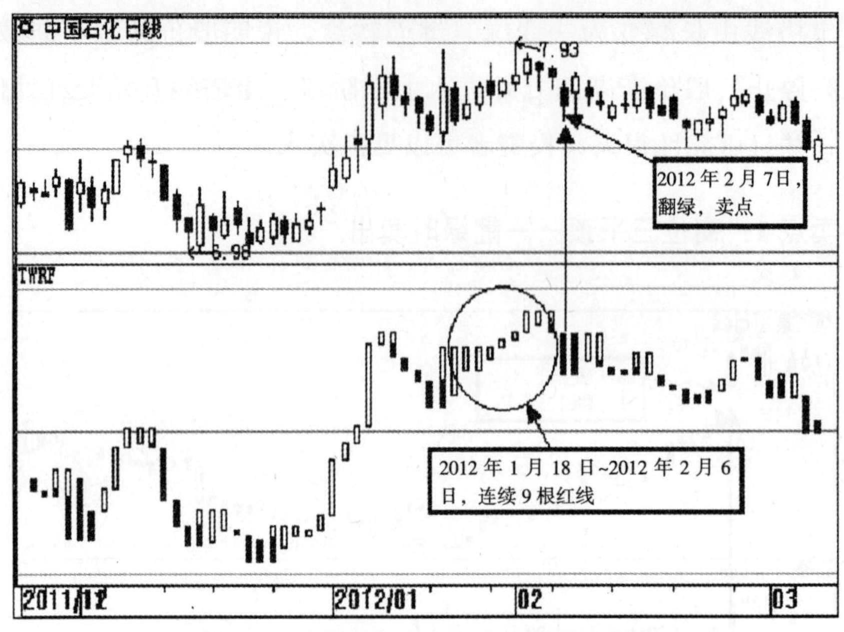

图 7-17　中国石化（600028）宝塔线示意图

图 7-17 为中国石化（600028）的宝塔线示意图。从图 7-17 中可以看出，该股在不断上涨的行情中，2012 年 1 月 18 日~2012 年 2 月 6 日期间，宝塔线连续收出 9 根红线。这说明该股已经超买，股价一旦下跌，将会出现猛烈的调整走势。在 2012 年 2 月 7 日，宝塔线变绿，卖点出现，投资者应把握时机。

卖点 3：高位连续绿线——第三根绿线处卖出

图 7-18 为建设银行（601939）的宝塔线示意图。从图 7-18 中可以看出，该股经过一段时间的上涨后，开始在高位震荡盘整。2012 年 2 月 13~15 日，该股宝塔线出现连续三根绿线，因此第三根绿线处便为卖点。

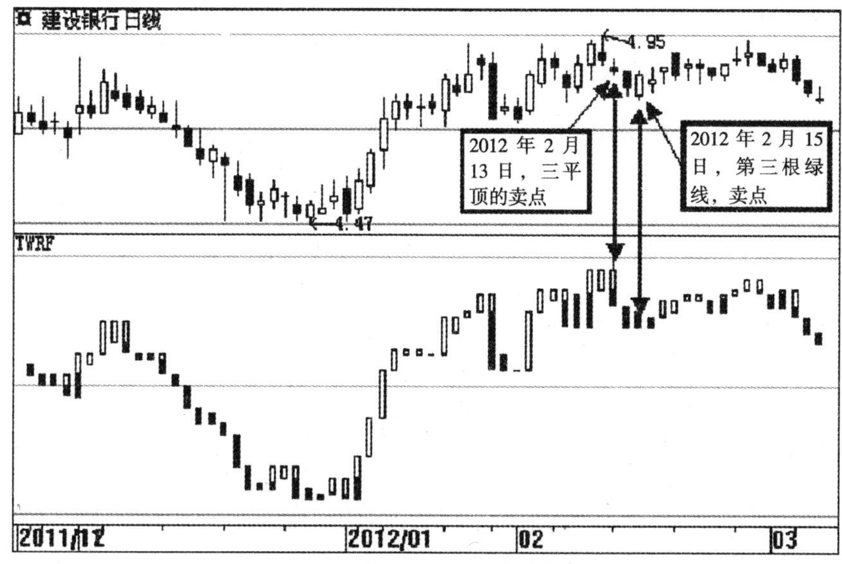

图 7-18　建设银行（601939）宝塔线示意图

同时，该股宝塔线还出现了三平顶形态，而 2012 年 2 月 13 日由红转绿的宝塔线也是卖点。

卖点 4：长红短红一线红——翻绿时卖出

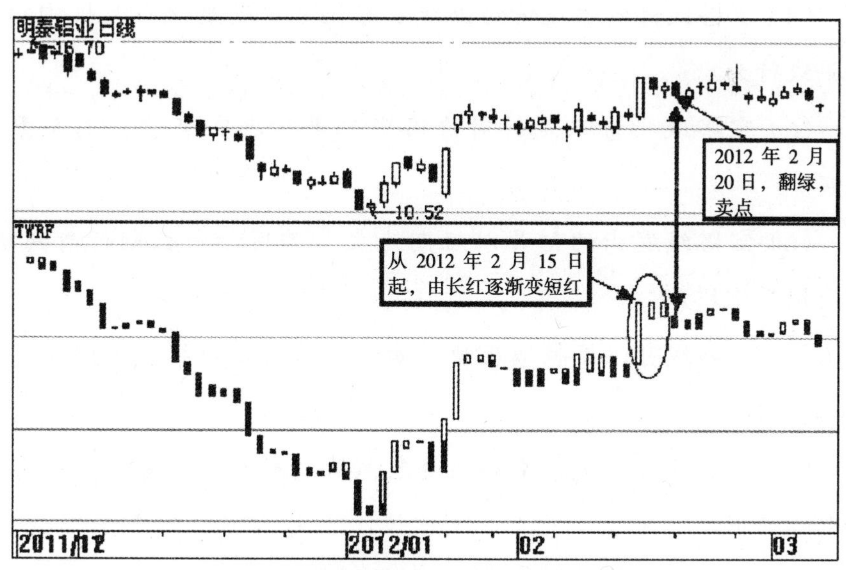

图 7-19　明泰铝业（601677）宝塔线示意图

图7–19为明泰铝业（601677）的宝塔线示意图。从图7–19中可以看出，该股在经过较长一段时间的上涨后，股价开始在高位回落。该股的宝塔线，从2012年2月15日起，长红线逐渐变短，这表明股价的涨幅变缓，并最终停止。随后宝塔线开始变绿时，此处便为卖点。这表明股价开始下跌，投资者应把握卖出时机，适时卖出。

小 结

（1）宝塔线指标应用了趋势线的原理，并且加入了支撑区以及阻力区的概念，由此确认行情是否出现反转。

（2）宝塔线是由一个个黑白棒组成的，而且没有上下影线。

（3）当股价上涨时用白色棒体表示；而当股价下跌时用黑色棒体表示。

（4）宝塔线仅以收盘价为画线依据，可以过滤掉当天机构的某些骗线行为。

（5）宝塔线指标只是针对价格变化进行忠实记录，因而更加真实。

（6）宝塔线发出的信号以短期为主。若用于中长期行情判断，可使用周宝塔线。

（7）宝塔线可以灵敏地反映买卖信号，可以使投资者避免被套牢或踏空。

（8）在盘整行情中，宝塔线会忽然翻红或翻绿，导致其信号效果大幅降低。

（9）投资者掌握TOW形成的基本原理和计算方法就基本足

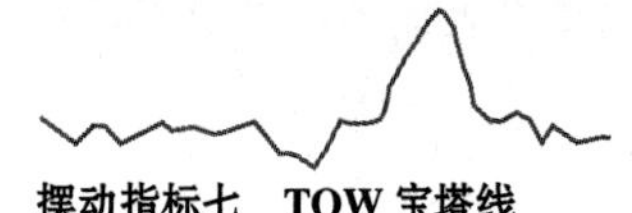

够，并不需要计算指标数值，投资者使用 TOW 指标研判股市行情才是最为重要的。

（10）投资者可以将宝塔线与其他技术指标综合运用，以弥补宝塔线有时会出现无效信号的缺陷。

摆动指标八　PSY 心理线指标

在股市中，投资者的心理波动也能够对行情产生一定影响，在投资者心理预期与股市行情的涨跌相同时，股市行情开始升温，而当投资者心理预期与股市行情涨跌相反时，股市行情开始冷淡。因此，PSY 心理线指标也随之出现。该指标是针对于短期股市行情走势研判的一种技术工具，而该指标特有的心理线就是直接反映出投资者的市场心态的一种指数，从而来计算出市场是倾向于多方还是空方，投资者借此结果来判断改变操作方向。另外，PSY 心理线指标还有能够体现出超买超卖行情的功能。

第一节　PSY 心理线指标简介

一、什么是 PSY 心理线指标

PSY 心理线指标，英文名是“Psychological Line”。心理线指标根据研究一段时间内股票上涨以及下跌天数的比率，来看出投资者的趋向，即投资者趋于空方或是多方，以此辅助股票买卖的操作。PSY 还具有表现出超买超卖的功能。

二、PSY 指标的构造原理

PSY 指标是情绪指标的其中一种，是根据一段时间内收盘价以及涨跌天数的多少来研究市场交易者的趋向，以此辅助进行买卖操作。该指标能够精确地表现出股价的最高价以及最低价。

根据心理线表现出的市场人气来看，在上涨行情开始之前，通常会出现两次超卖最低点。据此投资者在关注心理线时，假如在某天的超卖现象异常严重，短时间内再创新低可能性极小，在心理线出现向上运行又再次回落时，也就是投资者的买入时机，相反也是如此。因此不管上涨行情或下跌行情出现之前，都会出现两次以上的买卖点，投资者若想安稳获利，就只需把握好这两个时机即可。

三、PSY 指标的计算方式

PSY 指标计算方法很简单，计算公式如下：

$PSY(n) = A \div n \times 100$

【注释】A 为在 n 周期内股价上涨的周期数。n 为 PSY 的采样参数，可以分为钟、日、周、月。

例如，n = 20 日时，这 20 日中有 12 日上涨，8 日下跌，则 PSY (20 日) = 12 ÷ 20 × 100 = 60

这里判断上涨和下跌是以收盘价为标准，计算日周期的收盘价如果比上一周期的收盘价高，则表示近期上涨；如果比上一周期的收盘价低，则表示近期下跌。

四、PSY 指标的技术图形

见图 8-1。

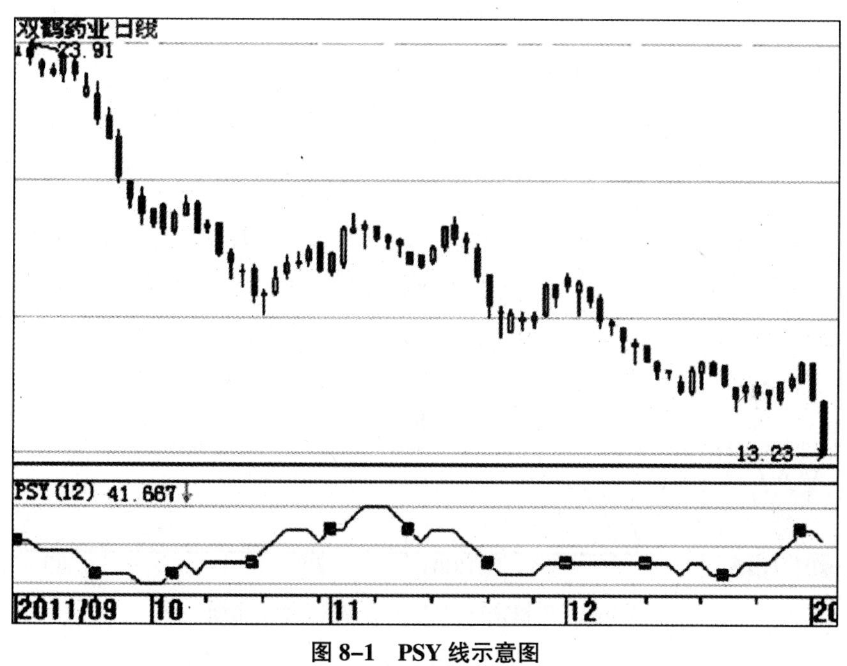

图 8-1　PSY 线示意图

第二节　如何根据 PSY 心理线指标确定买卖时点

一、PSY 线形成 M 头——右顶出现日卖出

股价上升到一定的高度后形成“M 头”时，多头市场多会由此转势，出现一波级别较大的下跌行情。因为“M 头”出现时，投资者在心理上已产生了不看好后市的预期，多会减仓或清仓离场，股价必然下跌，在“M 头”右顶形成日卖出股票，就能有效地保住到手的利润

不被倒流回去。所以当 PSY 线形成“M 头”时，应果断在右顶出现日卖出股票。如图 8-2 所示。

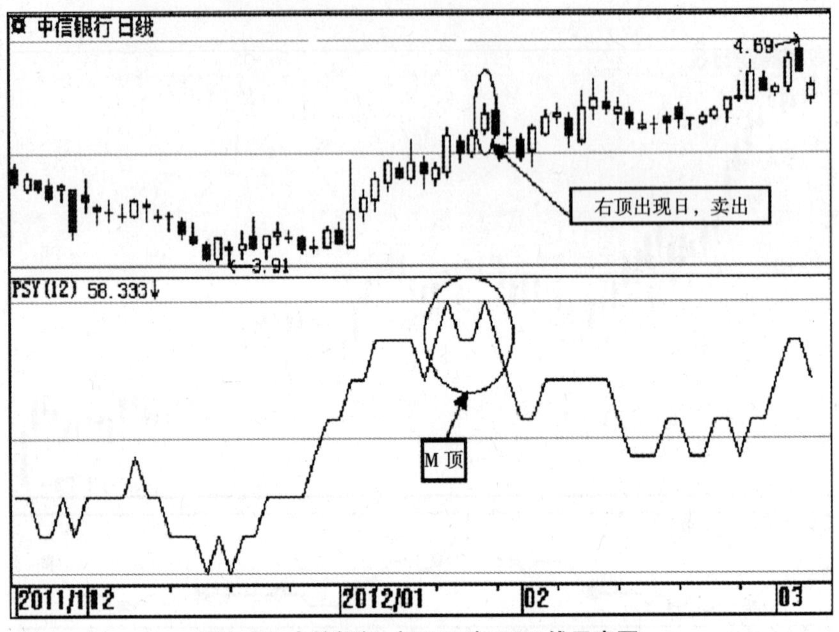

图 8-2　中信银行（601998）PSY 线示意图

图 8-2 为中信银行（601998）的 PSY 线示意图。从图 8-2 中可以看出，该股在经过一段时间的上涨行情后，股价在 2012 年 1 月 16 日~2012 年 2 月 1 日期间呈现“M 头”。这引起投资者心理上不看好的预期，大多会选择减仓或清仓处理，股价将会下跌。因此，右顶形成日是较为理想的卖出点，能够较大限度地保住投资者到手的利润。

二、PSY 线形成 W 头——右底出现日买入

股价下跌到低位后形成 “W 底”，后市会出现反弹行情，且会维持一段较长的上升时间。因为“W 底”出现时，做空的投资者在心理上已产生了不看好后市的预期，会减仓或清仓离场，股价必然会止跌反弹，在“W 底”右底形成日买入股票，就能稳妥获利。我们仍以中

信银行（601998）为例来进行说明。

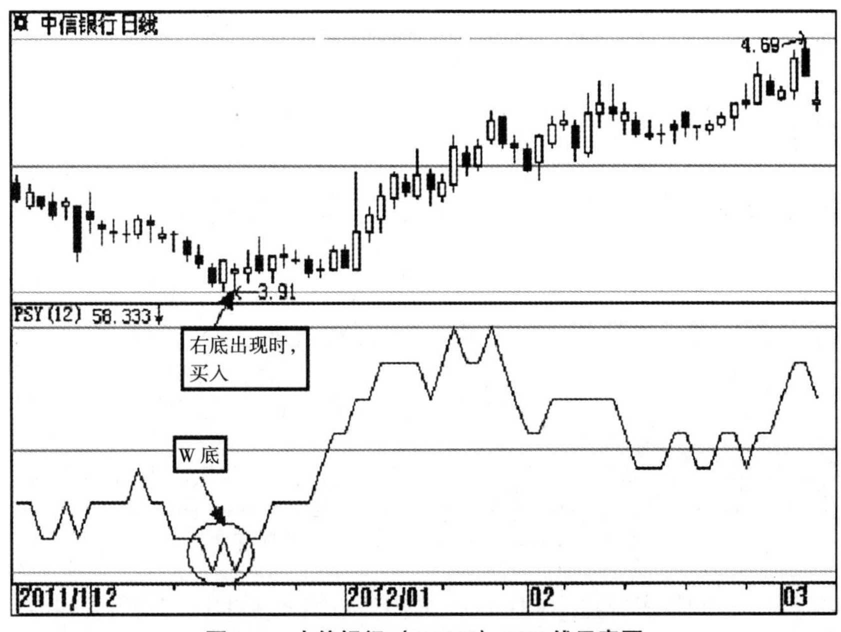

图 8-3 中信银行（601998）PSY 线示意图

图 8-3 为中信银行（601998）的 PSY 线示意图。从图 8-3 中可以看出，该股在前期经过一段时间的下跌趋势后，股价在 2011 年 12 月 14 日~2012 年 12 月 20 日期间呈现“W 底”。这引起投资者心理上不看好的预期，大多会选择减仓或清仓处理，这将会导致股价开始止跌反弹。因此，在“W 底”右底形成日买入股票，投资者可以获得收益。

三、PSY 值向上突破 90——突破日卖出

PSY 值上升到 90 以上时，表明市场处于超买状态。在低位建仓的投资者，已有较大的账面利润，随时会出现回档走势。随着跌势的恶化，就会造成多杀多局面，一轮大级别的下跌行情就难以避免，如不及时卖出股票，账面上的利润就会成为泡影。所以，当 PSY 值向上突破 90 时，就应果断卖出股票。如图 8-4 所示。

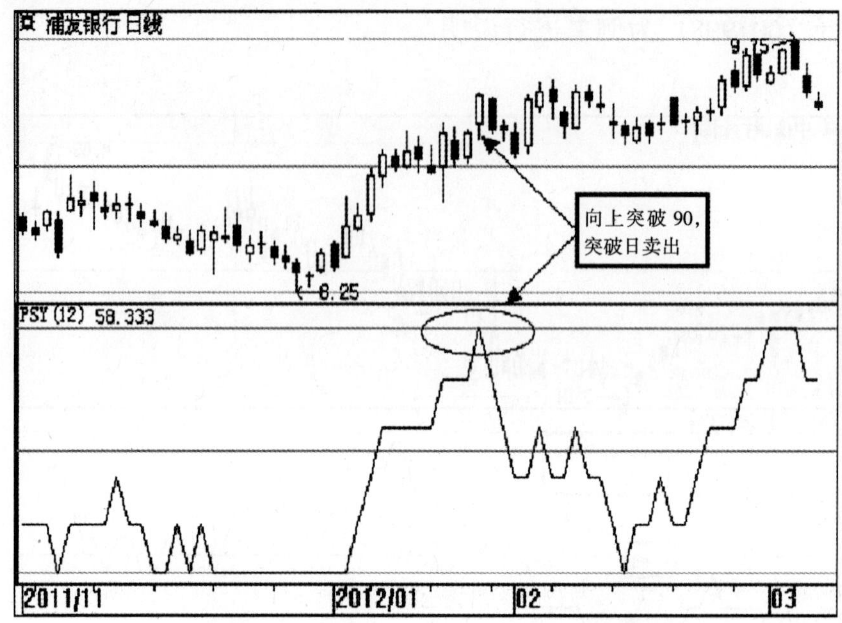

图 8-4 浦发银行（600000）PSY 线示意图

图 8-4 为浦发银行（600000）的 PSY 线示意图。如图 8-4 中标注所示，该股在经过一段时间的上涨行情后，在低位建仓的投资者已获得相当可观的收益。2012 年 1 月 20 日，这天 PSY 值在向上突破 90，此突破日便是卖出点。因为此时市场处于超买状态，后期将会有一段较大的行情出现。为降低风险，投资者可卖出所持股票。

四、PSY 值向下跌破 10——跌破日买入

PSY 值下降到 10 以下时，表明超卖严重。此时，多头手中的筹码多已出尽，做空力量几尽枯竭，股价会随时反弹。此时做多，成功率极高。也就是说，当 PSY 值下降到 10 以下时买入的股票，等于资金存进了银行，风险几乎为零。如图 8-5 所示。

图 8-5 为老白干酒（600559）的 PSY 线示意图。如图 8-5 中标注所示，该股经过较长一段时间的下跌行情后，股价持续下降，随时可能见底。2011 年 12 月 26 日，该股 PSY 值跌破 10，次日便是买入点。

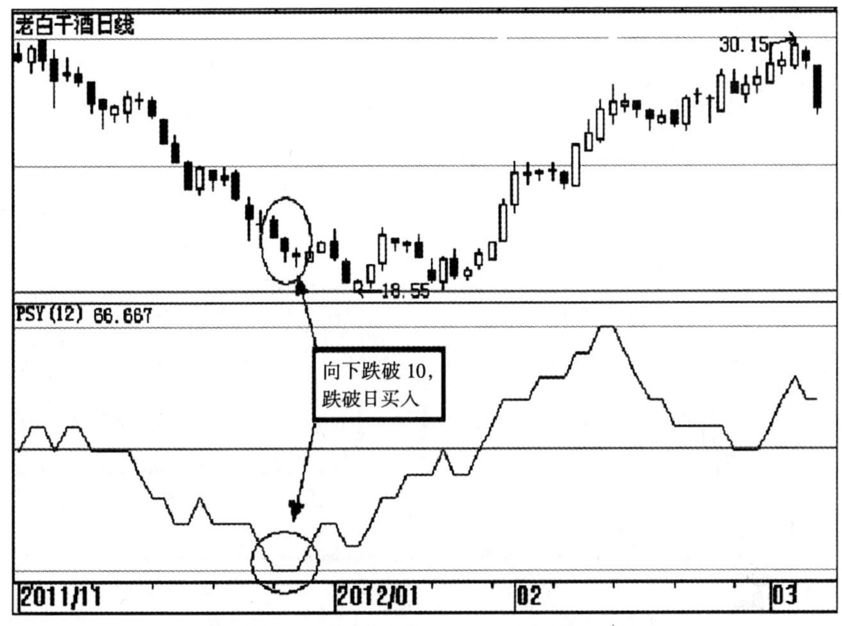

图 8-5　老白干酒（600559）PSY 线示意图

因为股价经过不断下跌，最后终止开始止跌回升，此时投资者进场买入股票，风险较低，成功率极高。

第三节　PSY 心理线指标参数选择与趋势判断

投资者在使用 PSY 指标时应当注意，摆动指标是一种特殊震荡指标。震荡指标也是先行指标，具有较强的灵敏性，因此摆动指标在强劲单边走势里的假信号出现较多。

通常，PSY 值变化都在 25~75，这也就表明股价在正常波动范围之内，投资者继续买卖股票。若在盘整时期中，PSY 值应当在中心是 50 的周围，上下线一般设置在 25、75，有的设定在 30、70，这种情况表明多空双方力量基本平衡。PSY 指标超买超卖的出现，也就在于

PSY 超出这个平衡。如图 8-6 所示。

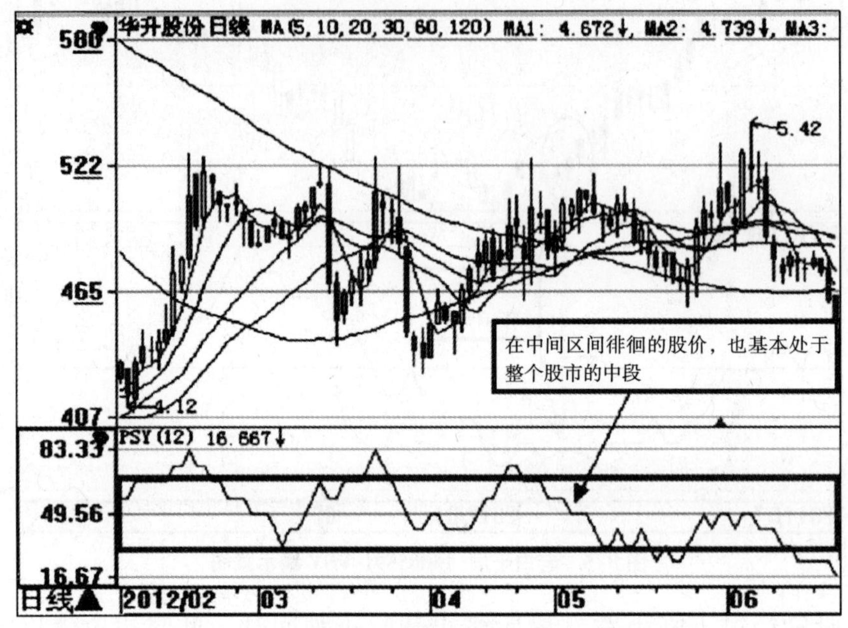

图 8-6 华升股份（600156）PSY 指标示意图 1

在 PSY 到达或突破 75 时，表明在 N 天之内中，上涨天数要比下跌天数多很多，多方力量强大并且强劲。另外一方面来看，上涨天数较多，股票累计获利盘也就随之增多，市场出现超买现象，尤其是在涨幅较大的情况中，股价上涨压力很大，可能近期将出现回落调整，投资者应当及时注意调整操作。

在 PSY 到达或者跌破 25 时，表明在 N 天之内下跌天数远多于上涨天数，空方力量更为强劲，市场中消极气氛较重，尤其是行情出现大跌的情况中，市场抛盘较少，抛压很轻，股价将会出现反弹上涨。若 PSY 值大于 90 或者小于 10 的这种极端超买超卖情况出现，投资者需要谨慎关注。如图 8-7 所示。

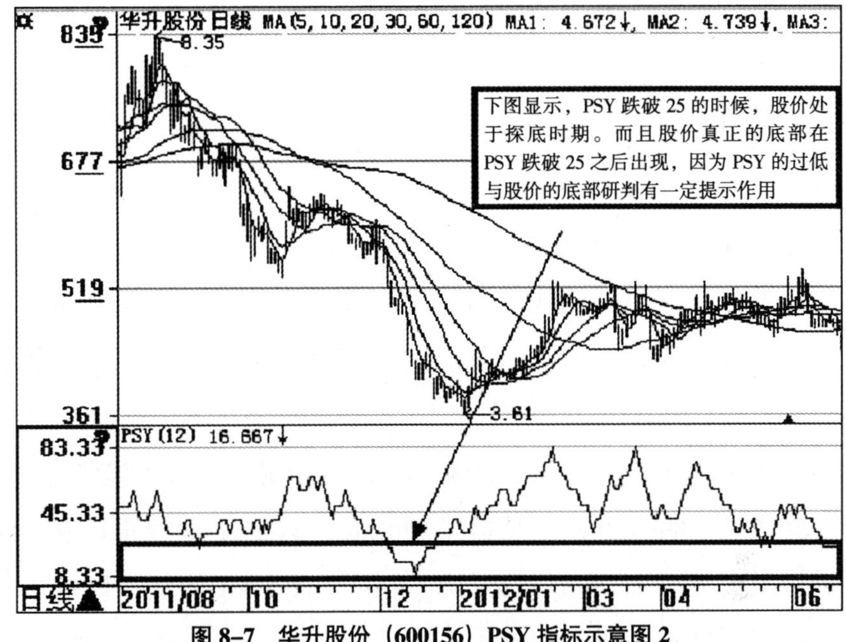

图 8-7　华升股份（600156）PSY 指标示意图 2

多头市场以及空头市场在初始期，可以把超买超卖线设置在 85 以及 15，在行情发展到中后期再设置回 75 以及 25，这样对于 PSY 指标研判市场更为有效。

在新一轮下跌或上涨行情开始之前，超买超卖的最低点以及最高点常会有两次出现。当出现第二次超买超卖的最高点或最低点时，一般都可以认作卖出以及买进的好时机。PSY 指标具有高点密集出现的特点，这对于投资者来说，有更多时间来研判以及入场。

PSY 指标常态区域设置在 25~75，PSY 指标反映的是市场心理的超买超卖。所以 PSY 指标在常态区域之内运行时，投资者通常应当持有观望态度。PSY 指标在超过 75 或者低于 25，那也就说明股价在进入超买区或者超卖区，这时投资者需要关注该指标的动态。在 PSY 指标超过 83 或者低于 17 时，说明市场出现超买区或是超卖区，投资者应当在价位回落或者回升时准备卖出或者买入，这在个股中常会出现，并不需要等到第二次信号的出现。

在PSY指标百分比低于10时，是极度超卖，这时抢反弹的可能性提高，这时是短线操作较好的买入点；相反，若是PSY指标百分比高于90，也就是极度超买，这时也就是短期卖出较好的时机。

当PSY曲线以及PSYMA曲线一起向上运行时，是投资者买入时机；反之，在PSY曲线和PSYMA曲线一同向下运行时，也就是投资者卖出时机。若在PSY曲线向上突破PSYMA曲线的时候，也是投资者的买入时机；反之，在PSY曲线向下跌破PSYMA曲线的时候，也就是投资者出货的时机。

当PSY曲线上攻PSYMA曲线时，未能突破并向下回落到PSYMA曲线，也就是表明股价处于强势整理时期，若PSY曲线再次向上运行时，就是投资者买入时机；若PSY曲线与PSYMA曲线一同向上运行之后，PSY曲线和PSYMA曲线距离越来越远，一旦PSY曲线回头向下运行，也就是表明股价上涨力量损失大半，是投资者的出货时机。

当PSY曲线与PSYMA曲线再次一起向上延伸的时候，投资者最好持股待涨；在PSY曲线和PSYMA曲线一直纠结在一起，并且在波动幅度较小的空间之中运行，这就是说明股价处于盘整时期，投资者应当持有观望态度。还有一点，就是PSY和VR指标需要搭配使用，两个指标属于相同指标群。

小结

(1) 当PSY曲线和PSYMA曲线同时向上运动时，为买入的信号。

(2) 当PSY曲线和PSYMA曲线同时向下运动时，为卖出时机。

（3）当 PSY 曲线向上突破 PSYMA 曲线时，为买入的信号。

（4）当 PSY 曲线向下跌破 PSYMA 曲线时，为卖出的信号。

（5）当 PSY 曲线向上突破 PSYMA 曲线后，开始向下回调至 PSYMA 曲线，当 PSY 曲线未能跌破 PSYMA 曲线，这说明股价还在强势整理。而当 PSY 曲线再一次反身向上时，为买入的信号。

（6）当 PSY 曲线和 PSYMA 曲线同时向上运动一段时间后，PSY曲线慢慢远离 PSYMA 曲线，这时当 PSY 曲线掉头向下，为卖出信号。

（7）当 PSY 曲线和 PSYMA 曲线再次一齐向上延伸时，投资者最好持股待涨。

（8）当 PSY 曲线在 PSYMA 曲线下方运行时，投资者最好持币观望。

（9）PSY 指标与 K 线互相对照，能更好地了解超买超卖的情况。

（10）如果要确定短期买卖点，找出每一波段的高低点，PSY 指标、OBV 指标与 VR 指标能更好地配合使用。

摆动指标八　BIAS 乖离率

在股市中，使用移动平均线的投资者众多，但是当出现暴涨行情时，往往会出现股价偏离移动平均线的状况，这时常常会造成投资者判断失误而损失惨重。而 BIAS 乖离率的出现恰恰能够解决这种情况。BIAS 乖离率主要是测算出股价和移动平均线之间出现的偏离程度，由此推算出在剧烈波动的行情中是否会出现回档以及反弹。另外，BAIS乖离率能够直观地表现出多空双方发生反转的可能性，投资者能够据此来准确地找到操作方向。乖离率还有预测后市行情趋势的功能，投资者可以结合其他技术指标来研判后市行情，更好地抓住时机。

第一节　BIAS 乖离率指标简介

一、什么是 BIAS 乖离率指标

乖离率指标 BIAS 也就是偏离度，又称为 Y 值，是根据移动平均线衍生出来的用于计算预期股价的指数或者个股的收盘价和移动平均线之间差距的技术指标。BIAS 指标是当前股市技术分析中短中长期都

可以使用的一种技术工具。该指标主要功能在于测算股价变动过程中与移动平均线偏离程度，由此可以预测股价的变化趋势。若股价在偏离移动平均线较远的地方，则可能出现反弹以及回档。

二、BIAS 的构造原理

移动平均线所表现的是在一段时间内，投资者平均持股的成本。所以在指数或者股价出现暴涨行情时，也就出现了指数或者股价在上方偏离移动平均线的情况。这表明在一段时间暴涨之后，持股者获利巨大，这样就会出现获利回吐的可能，指数或者股价向下运行，这是持股者大量套现所致。相反，若是在指数或者股价出现暴跌行情时，那么就会在指数或股价下方出现偏离移动平均线的情况，这表明在一段时间的暴跌之后，持股者损失巨大，随时都可能出现投资者不愿卖出或者低吸的人较多而造成指数或者股价见底反弹上涨。

这种现象最早被美国葛兰碧投资大师所发现，并且对此作出正确的分析。他在著名的葛兰碧移动平均线买卖法则中对这种情况做出了描述。葛兰碧以为，当指数或者股价处于上方远离移动平均线时，也就是超买，是卖出时机；若股价或指数处于下方远离移动平均线时，也即是超卖，是买入时机。

在当时的情况之下，对于上述当中的“远离”葛兰碧并未给出计提的测量方法，直到后来人们才对于指数或者股价远离移动平均线做出了定性、定量的分析，来弥补模糊定义的误差，这也就更准确地计算和总结出价格偏离移动平均线的程度以及行情中买卖的时机。

乖离率指标认为若股价偏离移动平均线较远，那么不论是处于移动平均线之上或之下，都不会维持较长时间，随时都可能会出现反转，让股价再次接近于移动平均线。

三、BIAS 的计算方式

乖离率指标在出现不久，就得到了广泛的认同。现在乖离率指标已经是股票市场中常用的技术指标之一。

计算的周期不同，乖离率的指标也不相同。其中包括 n 日乖离率指标、n 周乖离率指标、n 月乖离率指标以及 n 年乖离率指标和 n 分钟乖离率，等等。常用于股市研判行情的是日乖离率以及周乖离率，它们计算时采取值不同，但是基本计算方法相同。以日乖离率举例，其计算公式是：

n 日 BIAS =（当日收市价 − n 日内移动平均收市价）/n 日内移动平均收市价 × 100%

【注释】BIAS 指标有三条指标线，其中，n 为设立参数，可按自己选用移动平均线日数设立，n 的参数一般设置为 6 日、12 日、24 日，也可按 10 日、30 日、75 日设定。

四、BIAS 的技术图形

见图 9–1。

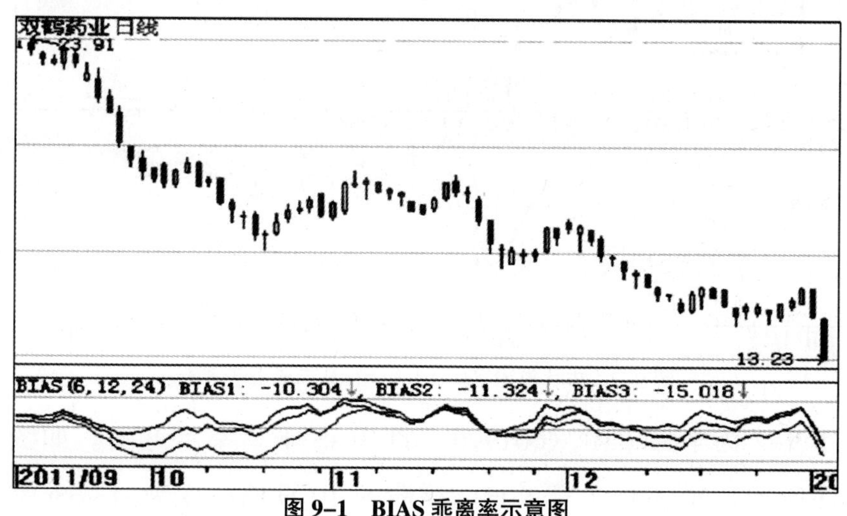

图 9–1　BIAS 乖离率示意图

第二节 如何利用 BIAS 确定买卖时点

一、10 日偏离度买入卖出时机

10 日偏离度低于-8%是指在当天交易日和 10 日移动平均线的比值低于-8%。若是处于下跌行情当中，股价与 10 日移动平均线的比值小于-8%时，此时该股短期内行情下跌幅度较大，处于超卖状态，并且会出现反弹行情。这时投资者若选择做多，短线获利较为安全，如图 9-2 所示。

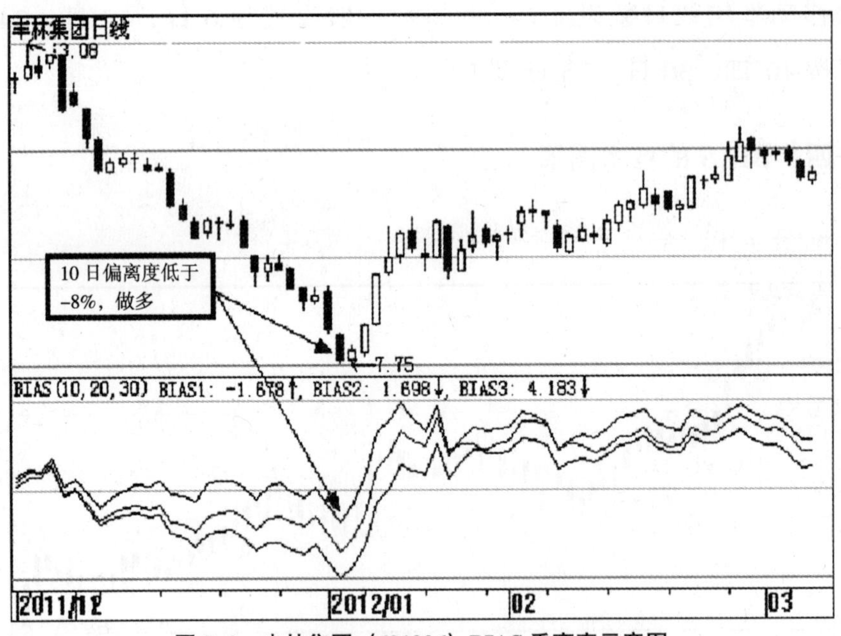

图 9-2 丰林集团（601996）BIAS 乖离率示意图

图 9-2 为丰林集团（601996）的 BIAS 乖离率示意图。如图 9-2 中标注所示，2012 年 1 月 5 日，该股的 10 日偏离度为-13.686%，低

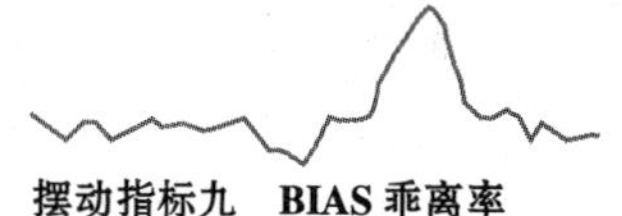

于-8%。此时处于超卖状态，股价也将见底，行情即将反弹。因此，投资者宜选择做多，以获得收益。

若该股处于上涨行情当中，股价和 10 日移动平均线之间比值大于 10%，就说明该股股价近期涨幅较大，处于超买状态当中，随时将出现回档行情。投资者若选择此时做空，能够确保短线收益不受损，我们仍以丰林集团（601996）为例，如图 9-3 所示。

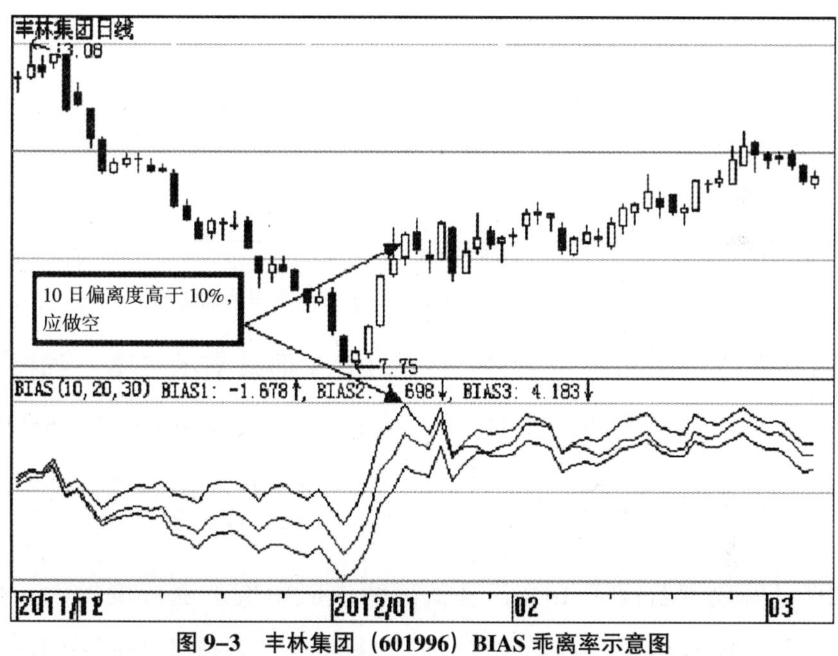

图 9-3 丰林集团（601996）BIAS 乖离率示意图

图 9-3 为丰林集团（601996）的 BIAS 乖离率示意图。如图 9-3 中标注所示，2012 年 1 月 12 日，该股的 10 日偏离度为 12.799%，要大于 10%。这表明该股处于超买状态，股价随时都可能出现回档行情。因此，投资者宜在此时选择做空，以规避风险，获得收益。

二、20 日偏离度买入卖出时机

20 日偏离度若低于-12%时，说明该股中期下跌幅度较大，处于超卖状态当中，投资者在此时可进行买入操作，如图 9-4 所示。

图 9-4 中国重工（601989）BIAS 乖离率示意图

图 9-4 为中国重工（601989）的 BIAS 乖离率示意图。如图 9-4 中标注所示，2011 年 12 月 15 日，该股的 20 日偏离度为-18.238%，低于-12%，说明该股处于超卖状态。此时宜做多，投资者可以进行买入操作。

20 日偏离度若高于 14%，这就说明该股中期上涨幅度较大，处于超买状态，随时将会出现回档行情，这时投资者应当及时卖出股票。如图 9-5 所示。

图 9-5 为东风汽车（600006）的 BIAS 乖离率示意图。如图中标注所示，2012 年 2 月 28 日，该股的 20 日偏离度为 19.319%，高于 14%，说明该股处于超买状态。此时宜做空，因为随时可能出现回档行情，投资者应及时卖出股票。

三、30 日偏离度买入卖出时机

若 30 日偏低度低于-15%，这就说明中期下跌幅度较大，处于超卖状态，投资者可在此时进行买入操作。如图 9-6 所示。

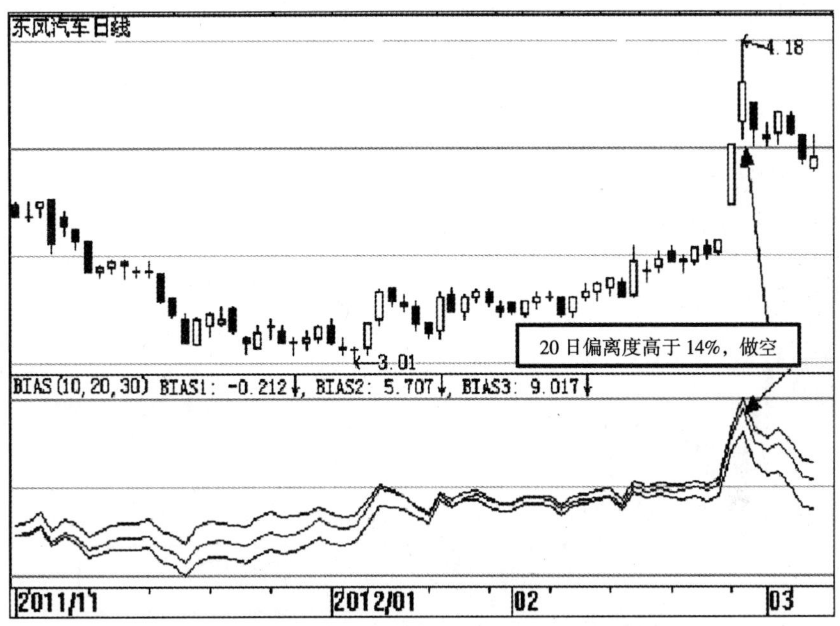

图 9-5　东风汽车（600006）BIAS 乖离率示意图

图 9-6　潞安环能（601699）BIAS 乖离率示意图

图 9-6 为潞安环能（601699）的 BIAS 乖离率示意图。如图 9-6 中标注所示，2011 年 12 月 15 日，该股的 30 日偏离度为-21.316%，低于-15%，说明该股处于超卖状态。此时宜做多，投资者可以进行买入操作。

若 30 日偏离度大于 18%时，说明中期上涨幅度较大，处于超买状态，随时将可能出现回档，这时投资者应当清仓离场。如图 9-7 所示。

图 9-7　象屿股份（600057）BIAS 乖离率示意图

图 9-7 为象屿股份（600057）的 BIAS 乖离率示意图。如图 9-7 中标注所示，2012 年 2 月 15 日，该股的 30 日偏离度为 23.381%，高于 18%，说明该股处于超买状态。此时宜做空，因为股价随时可能出现回档行情。投资者可以适时清仓离场。

四、60 日偏离度买入卖出时机

60 日偏离度在低于-20%时，说明长期下跌幅度较大，已经进入超卖状态，投资者在此时可买入股票。如图 9-8 所示。

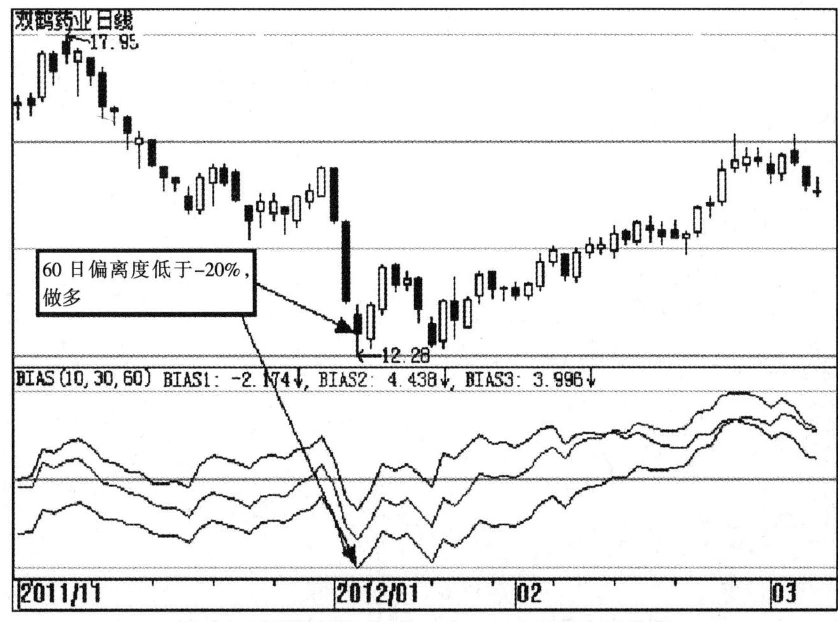

图 9-8　双鹤药业（600062）BIAS 乖离率示意图

图 9-8 为双鹤药业（600062）的 BIAS 乖离率示意图。如图 9-8 中标注所示，2012 年 1 月 6 日，该股的 60 日偏离度为-25.843%，低于-18%，说明该股处于超卖状态。此时宜做多，投资者可以进行买入操作。

60 日偏离度若大于 24%时，说明中长期上涨幅度较大，已经进入超买状态，随时将会出现回档，这时投资者应当及时卖出。如图 9-9 所示。

图 9-9 为冠城大通（600067）的 BIAS 乖离率示意图。如图中标注所示，2012 年 3 月 5 日，该股的 60 日偏离度为 42.055%，高于 24%，说明该股处于超买状态。此时宜做空，股价随时会出现回档，投资者应当及时卖出。

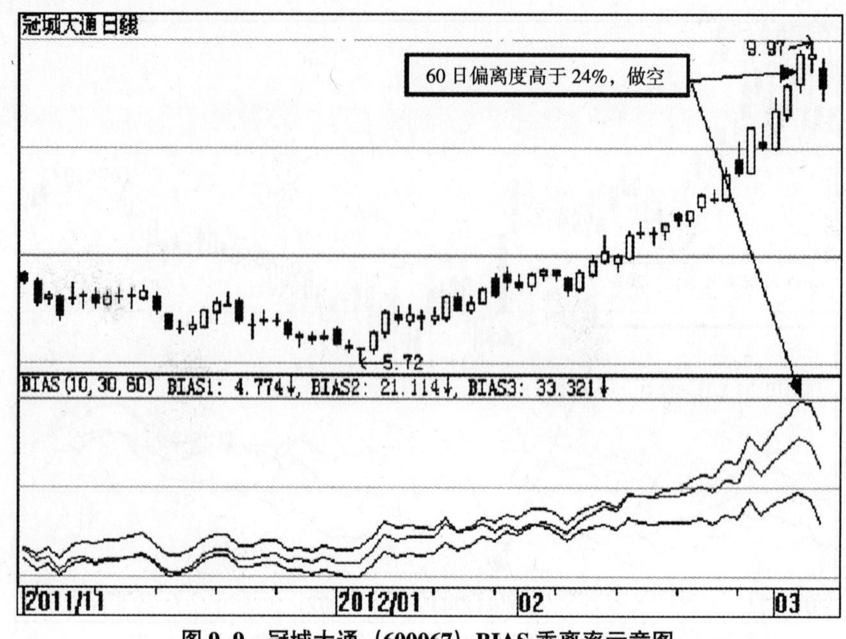

图 9-9 冠城大通（600067）BIAS 乖离率示意图

第三节 BIAS 指标的特殊研判技巧

一、利用 BIAS 指标看顶底

使用 BIAS 指标分析股票顶底时，BIAS 指标正乖离率越大，也就表明短期超买越大，见顶可能越大；负乖离率越大，也就说明短期超卖越大，见底可能性越大。如图 9-10 和图 9-11 所示。

股价正乖离增大到一定极限时，也就表明短期获利乖离率上证指数越大，越有可能出现获利回吐；在股价负乖离增大到一定极限时，越有可能出现空头回补。

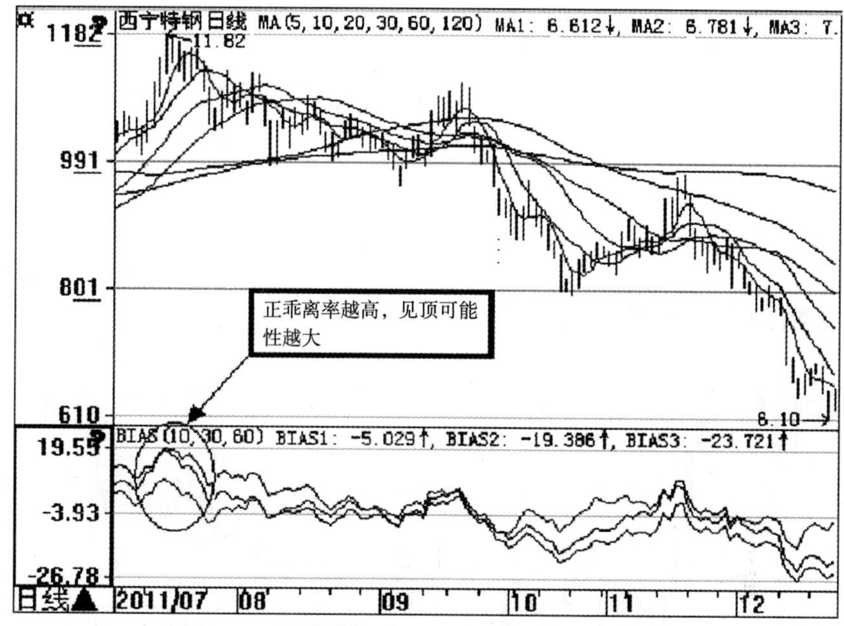

图 9-10　西宁特钢（600117）PSY 指标示意图 1

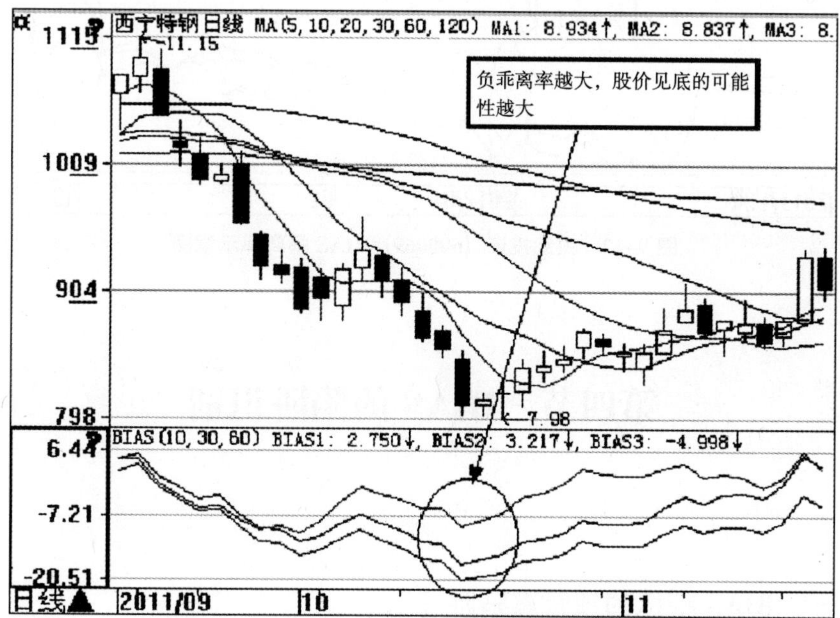

图 9-11　西宁特钢（600117）PSY 指标示意图 2

二、利用 BIAS 指标看多空

在多头行情中，会出现许多高价，投资者太早卖出会错失一段行情，可于先前高价的正乖离率点卖出；空头行情，也会导致负乖离率不断加大，这时可以在先前低价的负乖离点买进。如图 9-12 所示。

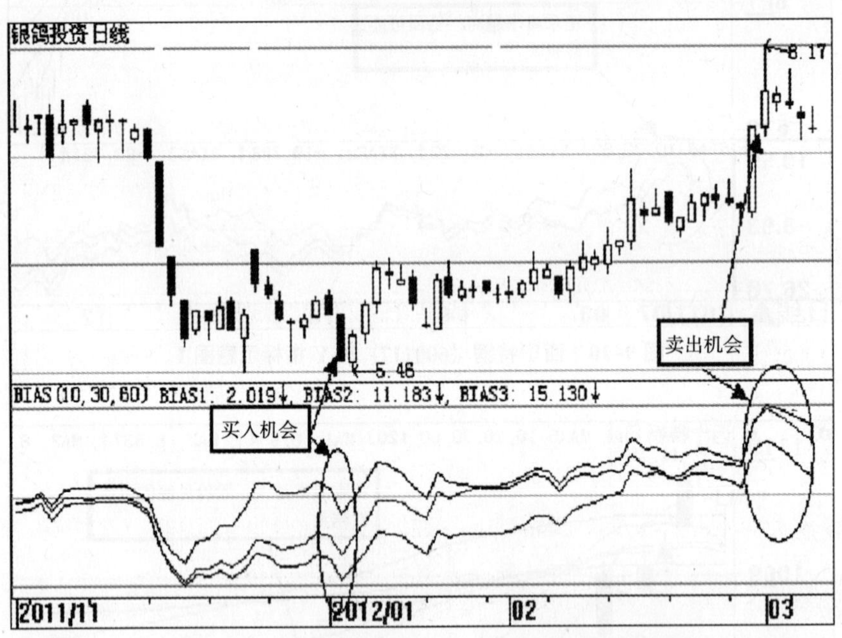

图 9-12 银鸽投资（600069）BIAS 乖离率示意图

第四节 BIAS 的陷阱识别

一、BIAS 指标的顶背离陷阱

在上涨趋势当中，股价在持续上升时，顶部连续创出新高，但乖离率指标却一波较一波下跌，这时股价和乖离率指标出现了顶背离状

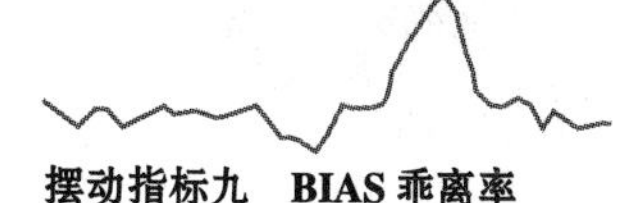

态。顶背离信号预示着上涨行情将要结束，股价开始回落。此时是投资者卖出的好时机。但是在实际操作中，投资者在出现顶背离信号之后卖出股票，股票价格并没有出现预想中的大跌行情，反而止跌并且行情回暖，有很多投资者在陷入乖离率指标背离陷阱中出现较大的损失。

投资者可以通过以下几个方面来鉴别乖离率指标的背离陷阱。

（1）投资者要多注意当天交易日的股价和 N 天移动平均线之间的差值。这个差值越大，说明股价和均线的距离越远，那么回归均线的可能性越大；差值若越小，股价和均线之间距离越小，均线对于股价的支撑以及压力作用更为清晰。在出现背离信号时，股价若能够有效地突破均线支撑，那么是可靠信号。若相反，那么该信号可靠性较低，是陷阱的可能性较高。

（2）投资者可以通过关注大盘趋势来分析。在大盘出现向下运行，市场气氛惨淡时，顶背离信号是可靠的。

（3）投资者可以关注股价位置来分析。若股价处于高位，那么顶背离信号是可靠的。若情况相反，那么顶背离信号的可靠性较低，常是虚假信号。若在上升或下跌过程中出现顶背离信号，那么可靠性很低，通常是虚假信号。

（4）投资者可关注波浪形态来分析。在顶背离出现位置处于升势 1 浪、3 浪时，可靠性较低。若是在上升 5 浪、B 浪或者延长浪中出现，那么该信号的可靠性较高。

二、BIAS 指标的底背离陷阱

在一轮下跌行情当中，股价持续下行，在底部连续创出新低，但是乖离率并没有随着股价走低而走低，反而出现一波较一波的走高趋势，这就是股价和乖离率指标所形成的底背离形态。底背离信号的出现表示出下跌行情即将完结，股价将出现反弹向上运行趋势，投资者可进行买入操作。但是在实际操作中，投资者若在底背离信号出现时买进股票，股票价格常不会如期望的开始上涨，反而再次出现下跌，很多投资者就因此陷入乖离率底背离的陷阱当中。

投资者可根据以下几个方面来鉴别乖离率指标的底背离陷阱。

(1) 投资者可以关注当天交易日股价和N天移动平均线之间的差值来分析。若差值越大，股价和均线距离也就越大，回归均线可能越高；若差值越小，股价和均线距离越小，那么均线对于股价支撑以及压力作用越大。在出现底背离信号时，股价若能够有效地突破均线压制，那么信号可靠性较高；在情况相反时，这个信号的可靠性较低，是陷阱的可能性较大。

(2) 投资者可以关注大盘走势来分析。在大盘向上运行时，市场气氛火热，这时的底背离信号较为可靠。

(3) 投资者可关注股价位置来分析。若股价处于低位，那么底背离信号较为可靠。若是相反情况，那么该信号是虚假信号的可能性极大。若在上升或者下跌过程中出现的底背离信号，可靠性较低，常是虚假信号。

(4) 投资者可以关注波浪形态来分析，底背离若在调整2浪、4浪或者C浪后期出现，那么该信号较为可靠。若是在A浪、C浪初期出现，那该信号的可靠性较低，常是虚假信号。

小 结

(1) BIAS指标是移动平均线使用功能的具体量化表现，同时也弥补了移动平均线的不足之处。

（2）BIAS 指标有三条指标线，其中，n 为设立参数，可按自己选用移动平均线日数设立，n 的参数一般设置为 6 日、12 日、24 日，也可按 10 日、30 日、75 日设定。

（3）乖离率是正乖离率和负乖离率的统称。当股价大于平均线的时候，称为正乖离率；当股价小于平均线的时候，则称为负乖离率；当股价与平均线相等的时候，则乖离率值为零。

（4）股价与 6 日平均线乖离率达 5%以上时，为超买现象，是卖出时机；当其乖离率达–5%以下时，为超卖现象，是买入时机。

（5）股价与 12 日平均线乖离率达 7%以上时，则视为超买现象，是较好的卖出时机；当其乖离率达–7%以下时，则视为超卖现象，是较好的买入时机。

（6）股价与 24 日平均线乖离率达 11%以上时，为超买现象，是卖出时机；当其乖离率达–11%以下时，为超卖现象，是买入时机。

（7）在趋势的上升阶段，股价如果出现负乖离，则正是投资者进行逢低买入的有利时机。

（8）在趋势的下降阶段，股价如果出现正乖离，此正是投资者进行逢反弹出货的最佳时机。

（9）每当股价与平均线之间的乖离率达到最大百分比时，就会向零值靠拢，这是股价运行的基本规律。

（10）当有重大突发事件发生，会影响股价和指数产生暴涨和暴跌的现象。因而股价与各种平均线的乖离率会出现过高或过低的现象，但发生的概率极少，只能将其视为特例，不能作为日常的研判标准。

摆动指标十　ASI 振动升降指标

在股市中有各种各样的分析技术工具，但是真正能够呈现出当前市场真实情况的并不多，而 ASI 振动升降指标就是其中之一。ASI 振动升降指标能够清晰地呈现出股价是否创出新高或新低，并且还能够为投资者提供判断股价是否真实突破压力或者真实支撑的依据。另外 ASI 振动升降指标还具备停损的功能，能够使投资者在交易股票时更有保障。同时，ASI 指标具有领先股价的特点，能够使投资者对当前行情做出快速反应，进行股票交易。

第一节　ASI 振动升降指标简介

一、什么是 ASI 振动升降指标

ASI 振动升降指标，英文名称为“Accumulation Swing Index”。该指标是威尔斯·威尔德所创造出来的，是以开盘、最高、最低、收盘的价格和前一天交易日的各种价格相对比作为计算因子，并利用这些来分析研判市场趋势。

二、ASI 指标的构造原理

通过分析 ASI 指标能够看出，当天交易价格并不代表当时的真正市场情况。真正的市场情况是依据当天、前一天、次一天的价格之间的关系而决定的。所以 ASI 计算公式的因子最大的特点在于，能够准确直观地表现出市场的方向性。由于 ASI 指标相较于当时市场价格更为真实，所以股价是否真正地创出新高或者新低，都可以根据 ASI 计算真实性并且能够准确地证实。因为 ASI 精密的计算数值，对于股民研判股价是否真实突破支撑或者压力提供了可靠准确的依据。

三、ASI 指标的计算方法

振动升降指标的计算公式如下：

1. A=|当天最高价－前一天收盘价|

   B=|当天最低价－前一天收盘价|

   C=|当天最高价－前一天最低价|

   D=|前一天收盘价－前一天开盘价|

2. 比较 A、B、C 三数值

   若 A 最大，R=A+1/2B+1/4D；

   若 B 最大，R=B+1/2A+1/4D；

   若 C 最大，R=C+1/4D

3. E=当天收盘价－前一天收盘价

   F=当天收盘价－当天开盘价

   G=前一天收盘价－前一天开盘价

4. X=E+1/2F+G

5. K=（A、B 之间的最大值）

6. L=3

SI = 50 × X/R × K/L

ASI = 累计每日之 SI 值

四、ASI 指标的技术图形

见图 10-1。

图 10-1　ASI 指标示意图

第二节　如何利用 ASI 确定买卖时点

一、ASI 突破前高，股价尚未突破前高——ASI 突破前高日可买入股票

在 ASI 指标经过一段时间上涨之后，出现回档向下运行，紧随其

后又向上反弹。反弹当中的ASI创出了新高，但股价并未配合创出新高，并且此时股价肯定会突破前一次最高价。在这种情况之下，按照ASI走势为依据进行买入操作，能够安全可靠地在后市获利。如图10-2所示。

图10-2　银鸽投资（600069）ASI指标示意图

图10-2为银鸽投资（600069）的ASI指标示意图。如图10-2中标注所示，该股的ASI指标经过一段时间的上涨后，出现回档。而后该指标出现反弹并创出新高，但是股价没有与之配合创出新高。而后股价继续上升，与次日才创出新高。因此，依据ASI这种走势，投资者可在突破日进行买入操作，在后市获利。

二、ASI跌破前低，股价尚未跌破前低——ASI跌破前低日应卖出股票

"ASI跌破前低，股价尚未跌破前低"走势，是指ASI向下突破前

一波的低点，股价并没有向下跌破前一波低点，但并不能确定股价是否会跌破前低的走势。

投资者若遇到这种走势时，应当按照 ASI 走势为依据进行卖出操作，可以回避较大的损失。如图 10–3 所示。

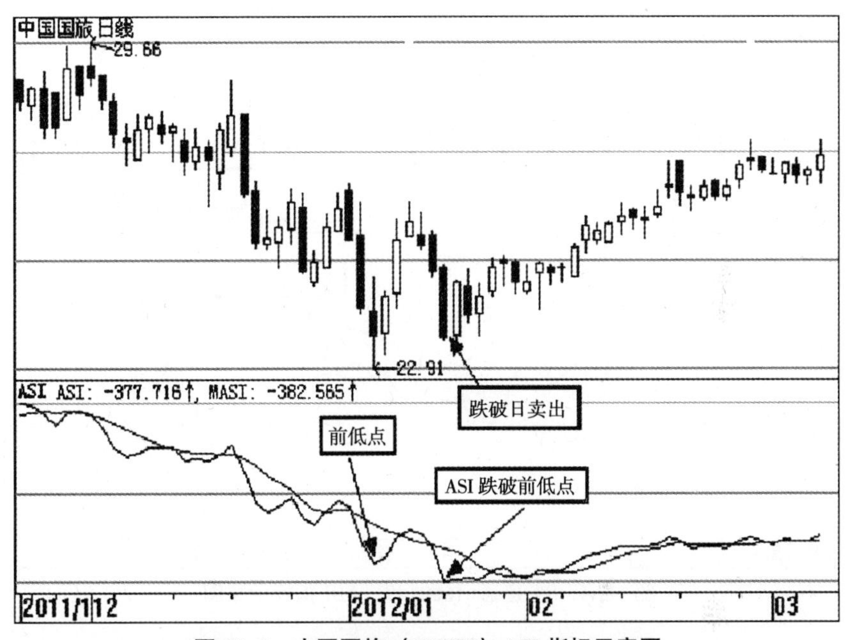

图 10–3　中国国旅（601888）ASI 指标示意图

图 10–3 为中国国旅（601888）的 ASI 指标示意图。如图 10–3 中标注所示，该股的 ASI 指标经过一段时间的下降后，继续向下突破前一波的低点，但股价并没有与之配合跌破前一波低点，因此不能判断股价是否能跌破前一低点。所以，投资者遇到这种走势，宜在跌破日进行卖出操作，以规避风险，回避损失。

三、股价一波比一波高，ASI 未创新高——顶背离形成日卖出股票

“股价一波比一波高，ASI 未创新高”走势，是指股价在上涨行情当中，持续创出新高，这时的 ASI 指标却出现一顶比一顶低的走势，

和股价出现“顶背离”的形态。这种走势的出现说明股价上涨已经见顶，后市行情将出现回档，投资者应当在出现顶背离形态时及时进行卖出操作。如图 10-4 所示。

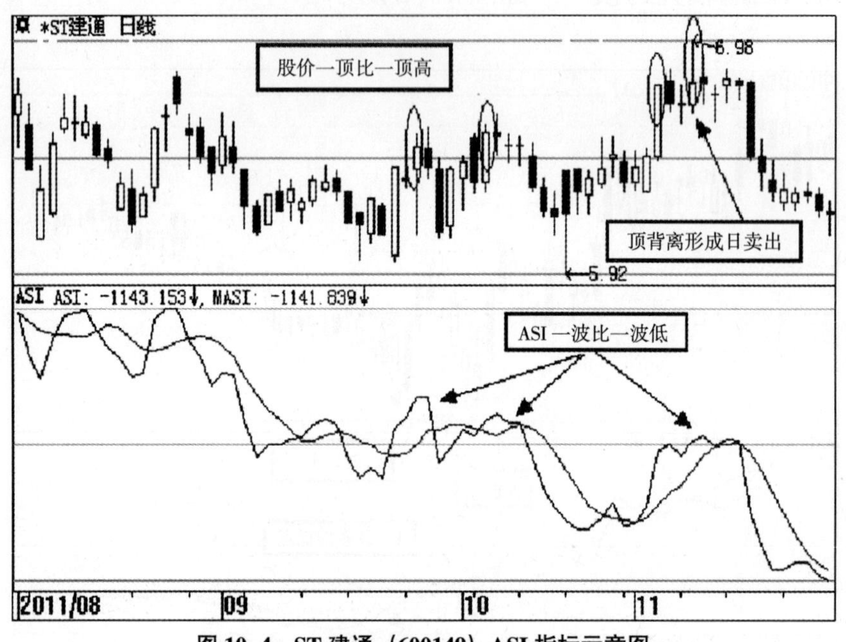

图 10-4 ST 建通（600149）ASI 指标示意图

图 10-4 为 ST 建通（600149）的 ASI 指标示意图。如图 10-4 中标注所示，该股股价持续上涨，并且接连创出新高，一顶高过一顶。但与之相反，该股的 ASI 指标却是一波比一波低，因而和股价出现了“顶背离”的形态。虽然股价出现短暂反弹，但并没有再创新高，这说明下跌行情已经开始，投资者应尽快进行卖出操作，卖出手中所持股票。

四、股价一波比一波低，ASI 未创新低——底背离形成日买入股票

“股价一波比一波低，ASI 未创新低”走势，是指股价在下跌行情当中，连续出现新低，而这时的 ASI 却没有再创出新低。ASI 和股价

形成了一底比一底高的“底背离”走势。这个走势表明股价已经跌落到底部，后市行情将出现反弹，投资者可在出现“底背离”时及时进行买入操作。如图 10-5 所示。

图 10-5　九牧王（601566）ASI 指标示意图

图 10-5 为九牧王（601566）的 ASI 指标示意图。如图 10-5 中标注所示，该股在下跌行情中，股价连续下跌并不断创出新低，但该股的 ASI 指标并没有与之配合连创新低，而是在 2012 年 1 月 30 日出现反弹，与股价形成“底背离”形态。这说明下跌行情即将终止，股价经过整理后开始回升，因而投资者可以在此时进行买入操作，以在后市获得收益。

小 结

（1）ASI 振动升降指标是根据开盘、最高、最低、收盘的价格和前一天交易日的各种价格相对比的计算因子，并利用这些来分析研判市场趋势。

（2）ASI 振动升降指标能够清晰地呈现出股价是否创出新高或新低，并且还能够为投资者提供判断股价是否真实突破压力或者真实支撑的依据。

（3）ASI 指标有两条曲线，分别是 ASI 线和 MASI 线（ASI 曲线的移动平均线）。

（4）当 ASI 领先股价突破前期高点时，预示股价也会马上突破，此时为看涨买入信号。

（5）当 ASI 领先股价跌破前期低点时，预示股价也会马上跌破，此时为看跌卖出信号。

（6）当股价走势一顶比一顶高，而 ASI 却没有与之配合创出新高点形成“顶背离”时，应卖出。

（7）当股价走势一波比一波低，而 ASI 却没有与之配合创出新低点形成“底背离”时，应买进。

（8）不同股票的 ASI 值不相同。投资者没有必要考虑 ASI 具体数值的高低，以及比较不同股票的 ASI 值。

（9）ASI 曲线与 K 线的运行方向基本一致。

（10）当股价出现暴涨或者暴跌的情况时，ASI 曲线会出现变动，但其没有 K 线的波动幅度剧烈。